李登輝秘録

産経新聞論説委員
河崎眞澄

産經新聞出版

まえがき

「国家とはなにか。というより、その起源論を頭におきつつ台湾のことを考えたい。これほど魅力的な一典型はないのである」

作家の司馬遼太郎《しばりようたろう》（本名・福田定一）氏は、1994（平成6）年に出版した『街道をゆく　四十　台湾紀行』（朝日新聞社、現在は朝日文庫）で、こう書き出した。「魅力的」、とは司馬氏一流の表現だろうが、日本人が「国家とはなにか」を考えるには、台湾ほど大切な存在はない。

親しい隣人であり、懐かしい家族でもあり、血を分けた肉親のようでありながら、その一方で日本人としては心の痛みも感じる存在だ。かつて「同じ国」として、50年間をともにした台湾は戦後、厳しい国際情勢の中で孤立を余儀なくされ、しばしば「国家」と扱われなくなっていく。その近現代史には、日本と日本人が深く関与し、責任を負っていた。

日本統治時代の1923（大正12）年1月15日に台湾で生まれ、旧制台北高等学校と京都帝国大学（現・京都大学）で学んだ農業経済の学者が、いくつかの偶然によって国家元首である総統にまで上り詰め、独裁政権下にあった戦後の台湾を民主国家に昇華させた人物が李登輝《りとうき》氏だ。今年（2020年）1月、満97歳の誕生日を迎えた。

「22歳まで日本人だったんだ。ここまでね」と、李登輝氏は右の手のひらを首まで持ち上げながら、日本語でこう話した。むろん国籍や民族を指しているのではない。自らの意識の底流にはいまも、古き良き時代の日本教育が流れ続けている、との意味だ。

「あのころ（戦前）の台湾人はね、みんな日本教育を受けたんだ。戦後日本の偏向教育の影響を受けずにすんだ純粋な日本精神が、いまでも残っている」と笑顔で続ける。

私は、そう話す李登輝氏が大正から昭和、そして平成、令和と生き抜いた軌跡をたどり、その生涯を通じて台湾と日本を考えることで、中国や米国など関係国も含む地域の近現代史を浮き彫りにしたいと考えてきた。李登輝氏や関係者の証言、新たに発掘した資料などから、これまでほとんど知られていない「史実」も浮き彫りにできるとも考えた。

かくも日本と深く関わる李登輝氏が、敗戦で日本が領有を放棄した後、台湾を苦しめた独裁政権による弾圧や、国際社会からの孤立から、いかに脱却し、平和裏に民主国家を作り上げる道を切り開いてきたのか。台湾の島々に暮らす台湾人とはどのような生き方をして、これからどこに向かおうとしているのか。ルーツをたどれば漢民族が多い台湾人と、中国大陸の中国人は何が共通し、何が違うのか、知りたかった。

九州、そして沖縄のすぐ先に浮かぶ台湾の島々は「美麗島《びれいとう》（フォルモサ）」とも呼ばれる。何万年も前からこの島で生きてきた先住民（台湾で現在の公式呼称は「原住民」）や、台湾海峡で隔てられた中国大陸から数百年前、新天地を求めて現在の福建省などから、荒波を乗り越えて渡ってきた漢民族の人々が暮らしてきた。李登輝氏も何世代か前の祖先がそうだったであろう。中国大陸から台湾に渡ってきた漢民族は大半が男性であり、先住民の女性を娶《めと》ることで、台湾で家族を作り、子孫を繁栄させた、ともいわれている。

歴史をひも解けば、今から１２５年前の１８９５（明治28）年、日本は清国（現・中国）と戦った「日清戦争」に勝利し、同年4月17日に調印した下関条約によって清国から台湾の島々の割譲を受けて、日本の領土の一部にした。その後、大東亜戦争で日本が敗北する１９４５（昭和20）年までの50年間、日本は自国の一部として台湾を領有し、台湾で暮らす人々に日本国籍をあたえ、良くも悪くも日本への同化政策をとってきた。その中の一人が李登輝氏だった。

しかし終戦で、米国など連合国側は、日本が領有を放棄した台湾について、施政権を45年当時、中国大陸を統治していた蔣介石《しょうかいせき》率いる中国国民党の政権に渡し、日本とは切り離していく。日本人として育てられた李登輝氏ら、そもそも台湾で生まれた人々の日本国籍も奪われ、国民党政権の「中華民国」の人民とされた。旧日本軍の陸軍少尉として日本の本土で終戦を迎えた李登輝氏も日本国籍を失い、46年に台湾に戻る。

しかし、台湾人にとって歴史の歯車は逆回転していく。戦後4年がたって、中国大陸では毛《もう》沢東《たくとう》率いる中国共産党の軍が国民党の軍との「国共内戦」で勝利し、49年10月に北京で共産党政権による「中華人民共和国」が成立する。

45年から施政権を握っていた台湾に、蔣介石と国民党政権は計200万人もの軍人や家族、関係者を引き連れて49年、本格的に逃げ込んだ。

かつては「日本国籍の日本人」だった台湾人を政治弾圧する一方、北京の共産党政権と台湾海峡を隔てて東西冷戦の時代には、政治的にも軍事的にも激しい対立や局部的な戦闘を続けていた。だが、最終的に71年には国際連合（国連）の議席も失い、72年には日本に断交されるなど、しだいに国際社会から締め出されてしまう。

北京の共産党政権は「（台湾が公称する）中華民国は滅亡した。中国の正統政権は中華人民共和国であり、台湾は中華人民共和国の一部で、国家主権などない」との主張を繰り返している。現在、国連機関である世界保健機関（WHO）への参加をめぐっても、台湾を完全に締め出そうと政治圧力をかけ続ける中国の考えの原点だ。

一方で、李登輝政権が基礎を作り上げた現在の台湾は、有権者の選挙で選ばれる民主化された政治実体があり、実効支配する領土があり、2300万人を優に超える人口をもち、独自の軍隊や通貨、金融制度や税関区域、郵便制度なども確立している。バチカンやパラオ、マーシャル諸島など15カ国とは、正式な外交関係も維持している。

いわば「国家」としての要件は十分に満たしているようにみえる。なおも蔣介石が持ち込んだ「中華民国憲法」を用いて「中華民国」を公称せざるを得ないが、国際社会において結局、台湾は「国家」なのか、そうではないのか、司馬氏が書いたように「国家とはなにか」について考える上で、欠かすことのできない存在なのだ。

共産党と中華人民共和国、国民党と中華民国、台湾と李登輝、そしてその近現代史に深く関わる日本。私が記者人生をかけた『李登輝秘録』の取材と執筆は、ある意味で、日本とは何か、日本人とはいったい何者か、という問いの答えを探し求める旅でもあった。むろん現在、台湾は外国であり、台湾人は外国人ではあるが、それでも筆者には、台湾と台湾人は、日本と日本人の写し鏡ではないか、と思わされることが何度もあった。

これまであまり知られていなかった歴史的な事実を探し求める中で、首脳トップレベルで台湾と中国を地下水脈によって結び付けた「密使」ら関係者の新たな証言や、米国や日本など、海外に台湾当局が置いている拠点（大使館や領事館に相当）から、台北の外交部（外務省に相当）あてに送られた李登輝政権時代の「機密電報」の記録、数百点から、うずもれていた貴重な情報の一部を記事に盛り込めたのは幸運だった。

一方で直感的に私は、日本人の文化の底流には、実は長い時間をかけて台湾から伝わったものがある、と思っている。詳細を論じる紙幅はないが、例えば「誇り」や「名誉」について

「武士道」に流れる基本思想と、台湾の先住民の考え方や行動に不思議な共通性がある。黒潮の流れに乗って、先住民の教えが沖縄の島々に漂着し、九州や四国、そして本州に伝わって、日本人になにがしかの影響を与えたのではないだろうか。

であるならば、ルーツをたどれば漢民族のみならず台湾の先住民の血も引き、災害被害の数々など自然環境の近い海洋国家に暮らしてきた台湾生まれの人々と、日本人の考え方や文化、行動パターンには親和性が高く、相互に影響しあう歴史と情愛を築き上げることができた、との仮説も成り立つのではないか。

李登輝氏の精神に「武士道」が深い影響を与えていることは、本書のなかで何度か触れているが、その李登輝氏の発言の数々が日本人の心の琴線に触れることの背景のひとつに、戦前の日本教育のみならず、どこかにそうした祖先どうしのつながりがあってもおかしくない、と私自身は感じている。台湾人や台湾の先住民に会うたびに強く心が惹《ひ》かれる。日本人の中にも少なからず、台湾先住民の血が流れているのだろう。

改めて現代の台湾と日本の縁を考えるとき、私の脳裏にはまず、具体像として李登輝氏と司馬遼太郎氏の心の交友が浮かぶ。2人は同い年で、同じく旧日本陸軍将校として大東亜戦争での厳しい体験がある。いわば戦友だ。1993年に始まった2人の結び付きは、司馬氏の著書『台湾紀行』にみえる94年3月の対談「場所の悲哀」で大きな花が開いた。

94年11月に初版が出版された『台湾紀行』によって、日本で台湾の存在感が一段と高まったといえたが、やや手前みそながら、産経新聞もそこに深く関与しているように思える。司馬氏は48（昭和23）年から61（昭和36）年まで、10年以上にわたって産経新聞記者であった。60年に『梟《ふくろう》の城』で第42回直木賞を受賞し、その後、作家として独立する。

そして本書にも登場するが、台北で李登輝氏の元に司馬氏を案内したのは当時、産経新聞の台北支局長だった吉田信行・元論説委員長だ。そうした縁と、数々の先人が台湾で築かれた実績や信頼があって初めて、この『李登輝秘録』がある。

24年前の96年3月、台湾で史上初の有権者による直接投票で総統選挙が行われ、李登輝総統が圧勝して再選された。その選挙戦の一部を現地で取材した当時が懐かしい。このとき李登輝氏は「国民党政権の総統」から「台湾の総統」に生まれ変わった。

台北市内の八徳路でジープの助手席に立ち、満面の笑顔で手を振って市民に訴えかけていた李登輝氏の姿、街中に鳴り響く爆竹の音、路上をうめつくした市民の熱狂と興奮。台湾のさらなる民主化を渇望する台湾人のエネルギーがそこにあった。

そのとき、軍事緊張が高まる中で金門島にも飛び、対岸の福建省アモイの様子を望遠鏡で眺めながら、東西冷戦の残滓《ざんし》と強国の威圧を垣間見たのも不思議な体験だった。

だが残念ながら、選挙戦の最中、96年2月12日に、司馬氏はこの世を去った。李登輝氏は心の友となっていた司馬氏にこそ、民主化の過程で重大な転換点を迎えた総統選の結果を、そしてその後の台湾の姿を見てほしかったのではないか。

本書は、産経新聞朝刊で2019（平成31）年4月3日から20年（令和2）年2月2日まで、78回にわたって長期連載した『李登輝秘録』の記事を再編し、大幅に修正の上、加筆したものだ。なお、産経新聞紙面に連載した際の表記方法に準じ、登場する人物の敬称を省略させていただいた。

2020年5月15日

河崎眞澄

『李登輝秘録』出版に寄せて

李 登輝

産経新聞の河崎眞澄さんから、紙面連載として『李登輝秘録』の企画を具体的に聞かされたのは2016年7~8月に沖縄県石垣島を訪問したときのことだったと思う。そのとき上海支局長だった彼は同行取材団に加わり、私と家内に熱心に語りかけてきた。

正直なところ当初、私はあまり乗り気ではなかった。台湾の元総統「李登輝」という人間を偶像化されたくなかった。台湾と日本は歴史的にも、心情的にも切っても切れない関係にあるが、それでも互いにまだ、完全に理解しあえているとはいえない。

ただ、2019年4月に始まった産経新聞での連載を読み進むうち、それは杞憂《きゆう》であったことに気づかされた。私への長時間のインタビューのみならず、台湾や日本、中国や米国など幅広い人々の声を聞き、文献を集めて分析された客観的な記事だった。

私が全幅の信頼を置いている李登輝基金会の王燕軍《おうえんぐん》秘書長と早川友久・日本担当秘書の2人

が、『李登輝秘録』を実現させようと情熱をもって動いてくれたことのおかげでもある。いまこそ日本人記者の目でみた李登輝と台湾の実像を残すべきだ、と言ってくれた。

政治の世界は時に冷徹だ。理想論や感情論だけでは、国家や国民を存在し続けさせることはできない。安定と繁栄を保つことも難しい。台湾が台湾であるために、いかに台湾を存在し続けさせるか。記事は実際、私のそうした考えの本質をついていた。

李登輝を批評する書籍は台湾でも数多く出版されているし、私も自らの考えを書いた書籍を何冊も出している。ただ、日本の新聞記者が冷徹な目で、李登輝という人間を通じて台湾がたどった民主化への苦難の道を、ここまで明確に綴《つづ》った記事は例がない。

この『李登輝秘録』は、私や台湾をめぐる問題点が指摘された記述も1カ所や2カ所ではない。総統として、その時点で正しいと考えた判断や行動のすべてが、後になって振り返れば必ずしも正解だったとはかぎらない。改めて指摘されれば、そのとおりだ。

台湾の若い記者には書けないような記述もある。例えば、2007年6月に私が東京・九段の靖国神社を参拝し、戦死した兄の李登欽《りとうきん》と「再会」した記事。台湾人としての私の複雑な胸の内を、どうしてここまで知っていたのか。読んでいて家内ともども驚かされた。

2015年1月出版の『新・台湾の主張』や16年6月出版の『熱誠憂国・日本人に伝えたいこと』でも河崎さんと縁を深めたきっかけについて書いた。日本統治時代の台湾で、嘉南大圳《かなんたいしゅう》と呼ばれたダムや灌漑《かんがい》用水路を完成させた水利技術者の八田與一《はったよいち》についての〝幻の講演原稿〟のことだ。

2002年11月、慶應義塾大学の学生サークルから招待された講演を引き受け、八田與一をテーマに日本人の精神、とりわけ実践躬行《じっせんきゅうこう》について大学生に話しかけたいと書き上げた原稿だったが、日本の外務省が私の訪日ビザ発給に反対して実現しなかった。

当時、産経新聞台北支局長だった河崎さんが熱心に、「講演原稿を紙面に掲載したい」と申し出てきた。このときも実は気乗りしなかった。日本の大学生に講演するための訪日も認められないことにいら立っていた。偏って記事を書かれる懸念もあった。

当時、彼は台北に赴任して間もないころで、一度しか会ったことがなかった。だが何度も何度も足を運んでくる彼の熱意にほだされ、しかたないな、と考えて私が鉛筆で手書きした原稿を秘書の鍾振宏《しょうしんこう》さんから彼に渡してもらった。注文はなにもつけなかった。

その翌々日だったと思う。新聞の一面ぜんぶを割いて、講演原稿の全文が掲載されたことに、私も家内も鍾さんも驚いた。皮肉なことだが、結果的に講演原稿が100万人以上の目に触れ、八田與一の存在が日本でも知られるようになったのは、幸いだった。

台北支局長であった時代も、彼は幾度となく私への取材にやってきた。思い出されるのは2006年2月、彼が帰任する直前に「高砂義勇兵慰霊碑《たかさごぎゆうへい》」の移設を実現させる仕事をしたことだ。連載にもその内容が紹介されたが、私は慰霊祭に喜んで参列した。

家内もすっかり信頼した。2005年5月の文藝春秋に頼まれた文章を書くとき、彼を自宅に呼んで代筆してもらったことがある。「めまいが治った」という題で、家内がめまいに苦しんでいた時、私がある薬が有効だと考えて、実際に役に立った一部始終だ。

私は常に「誠」が大切だと思っている。誠の精神、「誠實《せいじつ》自然」だ。そして、それを行動に移すこと、「実践躬行」なくして、誠の精神は完成しない。生涯をかけて台湾の民主化を大きく進展させることができたのは、私にとって最大の誇りだと思っている。

記事の中でも書かれていたが、私は「李登輝」という人物が歴史上、どのように評価されるか、には何も興味がない。主人公は現在に生きる一人ひとりであって、誰か一人の力だけで民主化が成し遂げられたり、正常な国家が実現できたりするはずもない。

台湾も日本も、そして世界の人々も今後、より困難な問題に直面していくだろう。台湾では2020年1月11日、7回目の総統直接選挙を無事に終え、蔡英文《さいえいぶん》総統が再選された。我々はいずれ困難を乗り越えて新しい世界を切り開いていくに違いない。

この『李登輝秘録』が書籍化されて読者の目に留まり、一人でも多くの日本人、そして台湾人やあるいは中国人が、台湾の現代史を写し鏡として自分たちの現在、そして未来を考え、正しいと考える道に向かって実践躬行してくれることが、私の願いだ。

李登輝

李登輝秘録

◆目次

第1章　虚々実々の中台両岸関係

第2章

日本統治下に生まれて

第3章

大東亜戦争と台湾

第4章

政治弾圧時代の苦悩

第5章

蔣経国学校の卒業生

第6章

薄氷を踏む新任総統

第7章 静かなる民主革命

第8章 日本よ、台湾よ

第1章

虚々実々の中台両岸関係

共産党筋から極秘電話「ミサイル発射、慌てるな」

「2、3週間後、弾道ミサイルを台湾に向けて発射するが、慌てなくていい」

台湾はすでに真夏を迎えていた。1995年7月初めのこと。台北市内の曽永賢《そうえいけん》（1924～2019年）の自宅に1本の電話がかかってきた。曽は、このとき現職総統だった李登輝《りとうき》（1923年生まれ）を総統府で補佐する「国策顧問」だった。

通話はすぐ切れた。発信地は不明。だが曽は、すぐに中国共産党トップ層からの「極秘伝言」だと理解した。

曽は90年代初めから李の指示で、敵対する共産党のトップや幹部と、2000年まで極秘裏に接触を続けた台湾側「密使」の一人だったと証言している。電話はその接触相手だった。

電話の前月、6月7～12日に総統の李が、農業経済学で1968年に博士号を得た米ニューヨーク州のコーネル大学から招かれ、「台湾の民主化経験」をテーマに講演したことに中国は強く反発。武力行使も辞さない姿勢で、台湾海峡は緊張感に包まれていた。79年1月に米国は中国と国交を結んで台湾と断交していた。

電話を切った曽は急いで総統府に向かった。戦前の日本統治時代、1919（大正8）年3

月に総督府として建造され、100年を経て現在も使われ続けている重厚な歴史的建築物だ。曽は噴き出す汗をぬぐいながら、李の執務室に駆け込んだ。

李と曽の2人は、この電話の意味を「ミサイルを発射はするが、台湾の本土には撃ち込まないから、慌てて軍事報復などするな」との〝事前通告〟だと解釈した。振り上げた拳で台湾を威嚇《いかく》はしても、軍事衝突はギリギリで避けたいとのメッセージだったのだろう。

極秘裏に報告を聞いた李はホッとした表情を浮かべたと曽は記憶している。

中国はその後、7月18日に国営新華社通信を通じて台湾近海向けに「弾道ミサイル演習」を行うと公表。実際に7月21日未明、内陸にある江西省の基地から弾道ミサイル「東風15」を発射して、台湾の北方およそ130キロの東シナ海に撃ち込んだ。尖閣《せんかく》諸島（沖縄県石垣市）にも近い海域だった。

このときの「台湾海峡危機」は結局、「演習」を繰り返しながら翌96年3月の台湾総統選まで続く。米クリントン政権が空母2隻を台湾海峡に派遣するなど、緊張が高まる事態となり、日本国内もあわや有事かと警戒を強めた。ただ台湾は、最後まで冷静に対応し、報復措置などは一切とらなかった。

曽は「（極秘裏のハイレベルな）情報ルートが最悪の軍事衝突を避ける役割」を果たしたことにいまも満足げだ。

李の命令で動いた曽の極秘接触が最初に急展開したのは1992年。当時、総統府幕僚の一員で、曽と行動を共にしていた張栄豊《ちょうえいほう》（1954年生まれ）の記述によると、8月末のことだった。

曽によれば、香港のホテルの一室で共産党幹部と中台両岸関係の行方について話していたとき、相手側から急に北京行きを打診されたという。

曽は「話の弾みだったが、行った方がいいな」と考え、すぐ台北の総統府に電話をかけた。李は「構わない」と許可を与えた。

李と同じく戦前の日本教育を受け、戦後は台湾の防諜《ぼうちょう》機関、調査局で中国共産党研究の第一人者となった曽。曽は台湾の政治大学で教鞭《きょうべん》もとっており、李が台湾大学教授だった60年代から、2人は学者同士、膝《ひざ》詰めで中台関係などを話し合った。2人の会話はほとんどが日本語だったという。

他方、李と曽の関係を調べ尽くしていた中国は、曽への〝サプライズ〟を用意していた。張によれば、曽が9月2日に北京に到着した翌日の9月3日、このとき国家主席だった楊尚昆《ようしょうこん》（1907～98年）が会談相手として、曽の前に現れたのである。

92年の曽と楊による極秘会談が3年後、ミサイル発射の事前通告に結びつくパイプを作った。密使としての曽の活動や張の貢献は従来、ほとんど知られていない。

ただ、李は「密使」について聞かれると「密使なんていなかったんだ」と言葉を濁らせる。

北京を訪れた台湾側の密使、曽永賢（左）の前に突然、現れた中国の国家主席、楊尚昆＝1992年9月3日（張栄豊のフェイスブックから許可を得て掲載）

その背景を曽は「あっちにもこっちにも（中国にも台湾にも）関係者がまだ多く生きているでしょ」と説明した。中台関係は政治のみならず、人のつながりも曖昧《あいまい》。容易に白黒はつきそうにない。

２０１９年１月２日、習近平《しゅうきんぺい》国家主席（１９５３年生まれ）は演説で、中国の主権の下に社会主義と資本主義を併存させるという「一国二制度」による台湾統一を改めて訴え、受け入れられない場合は武力行使も辞さない姿勢を強調した。このとき４年に１度の総統選を２０２０年１月に控えていた台湾。中台トップ級の極秘情報ルートがなおも機能しているか、極めて疑わしい状況下での軍事緊張だった。しかも中国の軍事力や経済力は、この四半世紀で様変わりしていた。

北京で得た言質「台湾に武力行使せず」

1992年に台湾総統、李登輝の指示で中国共産党の幹部と極秘裏に接触していた国策顧問の曽永賢が北京入りした翌日の9月3日、曽の前に突如、現れた中国国家主席の楊尚昆は、時に笑顔も浮かべながらこう話した。

「中国は反米運動や台湾批判をやめるわけにはいかない。だが、君たちはカネを持っている。何をしようと干渉はできない。僕たちはどうにもならない」

楊と会ったのは、人民解放軍総政治部の連絡部事務所だったと曽は記憶していた。このとき曽に同行した総統府幕僚の張栄豊は、会談場所は「国際友好協会」と呼ばれた建物で、かつて国民党が中国大陸にあった時代、蔣介石《しょうかいせき》（1887～1975年）が北京の御所にしていた建物だったと説明した。楊があえて国民党に縁の深い建物を選び、曽や張らの緊張をほぐそうとしたとも考えられる。

しかも張によれば、楊は「（中台）双方とも感情的な話や大げさな話はやめなければ、友人同士は交われないよ」とも曽に話し、理性的かつ友好的な姿勢で、中台で水面下の意思疎通のチャンネルを作ることに意欲を示していた。

李に「密使」として中国の真意を探るよう命じられた曽だったが、国家主席の登場は想定外だった。中国側も、台湾とのトップ級の極秘ルート構築を真剣に模索していたことの証だった。

楊の発言の背景に、92年9月、ブッシュ（父）米大統領が台湾に主力戦闘機のＦ16戦闘機１５０機の売却を決定したことがある。

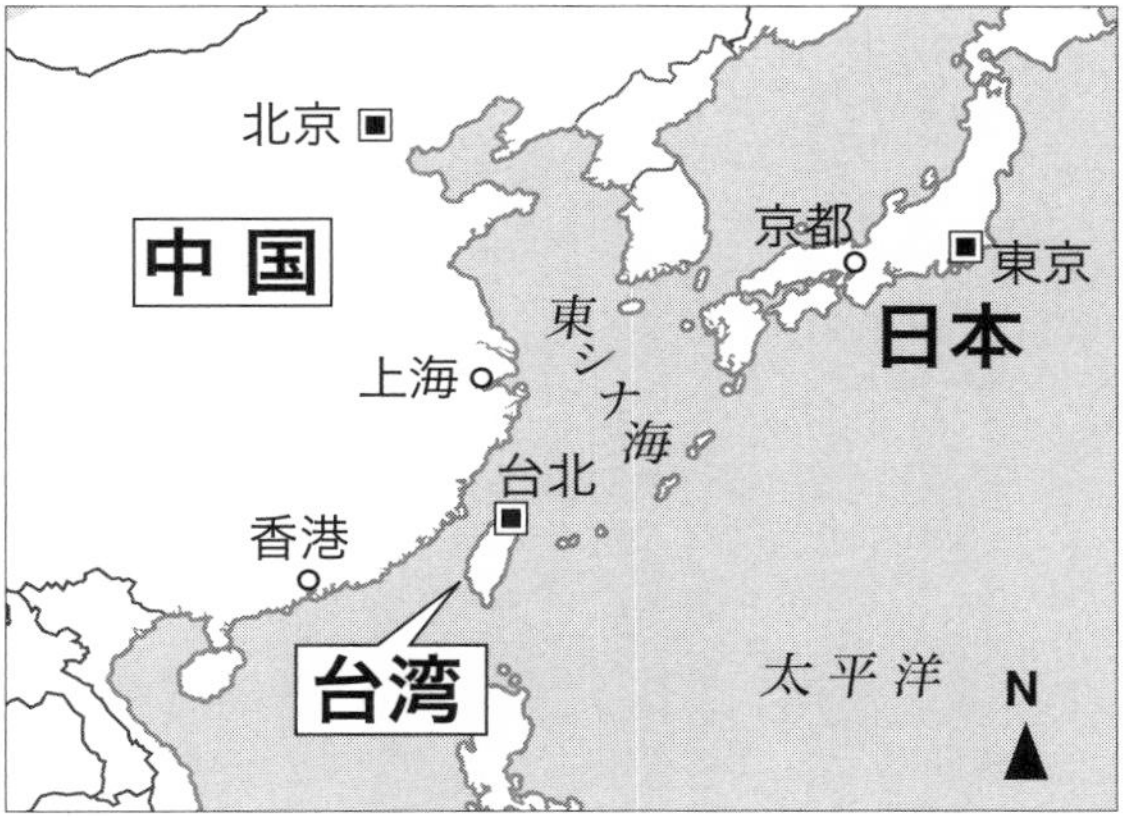

60億ドル相当、日本円で当時のレートでおよそ７３００億円の調達だった。当時なお経済的には厳しかった中国にとっては、想像できない額の外貨といえた。

台湾海峡を挟んだ中台の軍事バランスはＦ16戦闘機で台湾側に傾いた。中国は米国と台湾を激しく非難したが、それも当時は〝口先〟にすぎなかった。

楊からの「どうにもならない」という発言に、台湾に戻った曽から報告を受けた李は顔を緩め、安堵《あんど》の表情をみせた。「台湾にとって非常に意味がある」。この段階で台湾に武力行使する意志はない、との国家主席による「言質」だと2人は受け止めた。

台湾を「自国の一部」と主張する中国は、台湾の国際的な活動空間をいかに狭めて地位を低下させるか、今も腐心している。

ならばなぜ、中国にとって重大な軍事的危機であるはずのF16問題があっても、武力行使を避けるとの言質を与え、さらに95年7月の弾道ミサイル発射では事前に危害を加えないことを台湾側に伝えてきたのか。

国際情勢は当時、共産党独裁政権を続ける中国にとって逆風になっていた。

1989年6月4日。北京で起きた「天安門事件」をめぐって国際社会が対中制裁を行ったほか、89年11月10日のベルリンの壁崩壊や同時期に相次いだ東欧の共産党独裁政権の崩壊、91年12月25日のソ連崩壊などが、中国共産党を激しく揺さぶっていた。

さらに経済力で台湾の勢いは90年代まで中国を大きく上回っていた。90年の統計で人口約2100万人の台湾の輸出額が約680億ドル（当時のレートで約10兆円）だったのに対し、人口約12億人だった中国の輸出額は約620億ドルと大きく見劣りしていた。経済パワーの強弱は明らかに台湾側が有利だった。

中国の最高実力者だった鄧小平《とうしようへい》（1904～97年）が78年暮れから進めていた改革開放政策が天安門事件の影響で頓挫《とんざ》しかかっていた。このため鄧は92年初め、経済建設を再加速するよう檄《げき》を飛ばしていた。いわゆる「南巡講話」だ。

中国は台湾の資本や技術の導入を急ぐ必要があった。あるいは密《ひそ》かに台湾の製造業を抱き込んで、中国側に取り込もうとの意図があったかもしれない。

政治でも経済でも90年代前半まで、さまざまな面で劣勢にあった中国。台湾との問題をエスカレートさせる時期ではないとの政治判断が働いた可能性がある。

一方、88年に台湾の総統に就任していた李登輝は「当時は天安門事件や共産圏の崩壊劇の中で中国共産党も台湾の経験をみて、何らかの民主化に向けた動きがあるのではないか」と考えていたと話した。その期待はなおも裏切られ続けているが、当時はそのための中国トップとの「ホットライン」構築を曽に託したのだった。

中台トップの極秘ルート

台湾の総統、李登輝を補佐する立場の国策顧問だった曽永賢。1992年9月、いわば李の代理として、極秘裏に北京で初対面の国家主席、楊尚昆に会っていた。

楊は緊張した面持ちの曽に「今後はこの男と連絡を取り合いなさい」と言って、横に座らせていた軍総政治部連絡部長である葉選寧《ようせんねい》（1938〜2016年）を指した。曽はこの葉と部下らを通じ、楊と李の中台トップの極秘ルートを作る。

楊との会談を知らされていなかった曽が、香港からマカオ、広東省珠海《しゆかい》を経由して9月2日に北京に到着した直後、北京北西部の風光明媚《めいび》な玉泉山にある中央軍事委員会の招待所で待ち受けていたのが葉だ。

葉は、毛沢東《もうたくとう》（1893～1976年）とともに日中戦争を戦い、「中国十大元帥」の一人に列せられる葉剣英《ようけんえい》（1897～1986年）の次男。共産党幹部を親に持つ「太子党《たいしとう》」と呼ばれるエリート2世だった。

工場勤務時代に右腕を失う事故にあい、初対面のとき、曽に左手で握手を求めてきた。開口一番、「あなたの兄さんと、あなたが両岸（中台統一）問題を直接話し合えばよかった」と葉は言ったという。一方、曽に与えられた任務は「中国に統一されないため」の極秘ルート作りだったが、葉の前では口には出さなかった。

実は曽の10歳年上の実兄、曽永安《そうえいあん》が葉と懇意だった。永安は早稲田大学への留学を経て戦後、中国に渡り、共産党に身を投じていた。

中国で結婚。生まれた娘が人民解放軍南京軍区の幹部と結婚し、その人物が葉と親しく、永安は葉とともに軍で台湾を含む対外的な情報収集任務を行っていたようだ。永安は70年代に天津で病死したとされるが、曽永賢からみて姪《めい》にあたる永安の娘が90年前後、中台の人的往来が解禁されて台湾を訪れ、永賢と連絡を取り合うようになったという。その詳細について曽は「これ以上は明かせない」といった。

1993年以降も、曽は「香港やマカオを経由して、タイやフィリピン、インドネシア、マレーシア、ベトナムで（葉本人や部下ら）と年に2回くらい会った。互いの内政や両岸関係の行方を話したが、本音で語り合うことが誤解を解く上で必要だった」と振り返った。

台湾海峡を挟んで兄と弟がそれぞれ別の陣営で任務についた数奇な運命が、逆に、中台がホットラインを構築する擬似的な〝信頼関係〟のベースにあったとも考えられる。

曽によると、葉は「（１９４９年に中台に政治分断した）両岸関係の修復は、歴史を知っているわれわれの世代で解決せねばならない」と語ったという。

95年7月の弾道ミサイル発射を曽に電話で極秘裏に知らせてきたのは、曽も面識のある葉の部下だった。

終戦直後、台湾でも日本でもインテリ層は「帝国主義」への反発から、こぞってマルクス・レーニン主義を勉強し「共産主義」に没頭した時期がある。日本経由で中国にわたった曽永安も、10歳年下の弟の曽永賢も同じだった。曽は日本からの船をめぐるアクシデントで中国大陸には渡れず、後に台湾で逮捕され〝思想転向〟した経緯がある。

その経緯を２０１０年に『従左到右六十年（左派思想から右派思想に到る60年）』と題した回想録として出版している。

李登輝も「あのころは僕も共産主義について読書会で勉強した。かなり詳しいよ」と豪語する。共産主義に没頭したインテリがその後、共産党に入党するかどうかは、人生の分かれ目だった。行動派の曽兄弟は競って入党して中国への憧憬《どうけい》を強め、一方で学究肌の李は読書会への参加だけで終わった。一部には李がかつて、中国共産党に入党して離党した過去がある、との見方もあるが、李本人は明確に否定している。

幻となったシンガポール仲介の「合弁会社」構想

台湾の総統、李登輝と中国の国家主席、楊尚昆の間で密使を通じて1992年に始まった極秘のハイレベル情報ルートだが、検討されたものの結果的に〝幻《まぼろし》〟と消えた計画があった。

李の指示を受けて、中国側と極秘裏に交渉を続けていた国策顧問、曽永賢は、中国側のカウンターパートだった人民解放軍の総政治部連絡部長、葉選寧と94年の初め、「中国と台湾とシンガポールで共同出資する航空会社を作る案を話していた」という。

出資比率で中台がそれぞれ45%ずつ、本社を置く予定だったシンガポールが10%の3者合弁計画で、李も了承していた。「中国と合弁で航空会社を設立し、対中関係を安定化させようと李総統は考えたのではないか」と曽は取材に語った。第3国も加えることで安全弁を作り、中台間に信頼関係の糸口を作る試みだった。

当時は、台湾と中国の間は安全保障上の理由から航空も船舶も直行便は禁じられており、双方の行き来は香港など第三地を経由するしかなかった。人の往来と物流拡大を図る「中台直行便」の実現をめざした計画だったのかもしれない。

李は94年5月16日、南アフリカ訪問の帰路、特別機の「給油」を理由に外交関係のないシンガポールをわずか2時間ながら訪問。この際、シンガポール首相のゴー・チョクトン（１９４１年生まれ）に合弁会社の計画を持ちかけている。

だが「シンガポールの首相が株（出資比率）の割合を修正しようと提案してきた。３分の１ずつにしようと。ところが台湾も中国も同意しない。そのままシンガポールに（合弁の本社を）登記すれば、シンガポールに完全にコントロールされてしまう」との懸念が中台に広がって、結果的に頓挫したと曽は話した。

一方、シンガポール元首相、リー・クアンユー（１９２３〜２０１５年、中国語名・李光《り》耀《こうよう》）が２０００年に出版した『李光耀回憶録』（世界書局）で明かした内容は、やや異なる。台湾の李が１９９４年5月のシンガポール来訪時にゴーに合弁会社を提案した経緯は曽の記憶と同じ。

だが、李の提案は「海運会社」で、リーとゴーがこれに航空会社を加え、さらにシンガポールが出資比率を引き上げて、中台と3者均等にする計画に作り替えた、とリーは回想する。「航空会社」と曽は取材に話したが、この点は記憶違いだったと思われる。

リーの回想録によれば、この案に「李総統は賛成したが（中国の同意を得るまで）困難な事態も想定されるとして、シンガポールに問題解決で協力を求めてきた」という。シンガポールは当時から、中台を結ぶ仲介役を自認していた。

この案を携えて訪中したゴー。94年10月6日に北京の人民大会堂で、楊の後任として93年3

月に国家主席に就任した江沢民《こうたくみん》（1926年生まれ）と会談し、打診したところ、江は首をかしげた。「残念ですが不適当ですね」とゴーに答えたとリーは記述している。

曽永賢は葉選寧に〝根回し〟をしていたが、肝心の江はこの時期に、2つの理由から李に不信感を抱いていた。

江沢民が抱いた不信感

台湾の総統だった李登輝の指示で、1994年初めから極秘裏に検討と交渉が始まった中国との合弁会社の設立提案は、仲介役だったシンガポールの首相、ゴー・チョクトンの同年10月の訪中時、会談した国家主席の江沢民に拒まれた。

江はゴーにその理由を語らなかった。ただ、ゴーの前任、リー・クアンユーは『李光耀回憶録』で2つの出来事を指摘した。

まず、94年5月の「週刊朝日」に掲載された記事だ。台北での司馬遼太郎《しばりようたろう》（1923～96年）との対談で、李が旧約聖書にある「出エジプト記」について触れたことを挙げた。

モーセが虐げられていたユダヤ人を率いてエジプトから脱出する物語だが、リーは「李登輝は自らをモーセにたとえた」などと指摘した。台湾統一を悲願とする中国からみれば、李は台湾の住民を率いて中国から離れようとする〝隠れ独立派〟との解釈もできた。

対談は中国語で無断転載され、中台それぞれの社会に波紋を広げていた。「場所の悲哀」とのテーマで94年11月出版の『街道をゆく　四十　台湾紀行』（朝日新聞社）にも収録された。

2つ目はアジア・オリンピック評議会（ＯＣＡ）の主催で、94年10月に広島市で行われた「アジア競技大会」をめぐる騒ぎだ。ＯＣＡは当初、参加国・地域の一員として総統の李に開会式への招待状を送り、台湾当局もこれを承認した。

だが中国が「李の訪日は認めない」と大会のボイコットもチラつかせながら猛反発。その結果、クウェートに事務局を置くＯＣＡが9月、「政治的な人物は招待しない」との理由で事実上、李を排除した。リーの回想録によると、江は「李登輝には（中国に対する）信義がない」と考えた。

アジア大会は台湾と外交関係のない日本への訪問チャンスと考えた李。「一つの中国」の原則を掲げる側には〝反逆児〟と映る。江は国際舞台で台湾や李から活躍の場を奪うことに躍起になっていた。

いずれも台湾をかつて統治した日本が関与する94年の出来事で、江は李に〝不信感〟を強めた、というのがリーの見立てだった。

だが、ほぼ時期を同じくして、逆に江が李にサインを送ったとみられる動きもあった。94年の前半だった。

李を補佐する総統府の国策顧問だった曽永賢の台北市内の自宅に、あるとき大柄の男性が訪ねてきた。

一代で台湾の海運と航空の大手、長栄（エバーグリーン）グループを築き上げた会長の張《ちょう》栄発《えいはつ》（1927〜2016年）。江と李による〝中台トップ会談〟を台湾海峡に船舶を浮かべて行う構想があるという。

張は独自の人脈を頼り、中国で経済政策に力を入れ始めた上海閥のトップ、江に提案し、内諾を得ていた。93年3月に国家主席に就任したばかりの江には、李に台湾統一に結びつく「一つの中国」の受け入れを迫り、統一問題で国内向けに得点を挙げる狙いがあったと考えられる。

ところが、これを聞いた李は、提案を一蹴する。李は取材に「張さんは（中国との海運や航空路線の拡大など）ビジネス上の理由があった。商売人の発想だ」と話した。

李はこの時、張に強い反感を抱いたようだった。

結局、トップ会談も合弁会社も実現しなかったが、95年1月30日、共産党総書記の立場で江は「一つの中国」の原則の堅持を柱とする8項目の台湾政策を公表し、李登輝の訪中まで求めた。ただ、台湾側は「中国が（台湾に対する）武力行使放棄を宣言して初めて、総統訪中の検討が可能」と反発し、最後まで歯車はかみ合わなかった。

「商売人」への厳しい目

元総統の李登輝は取材の端々で、中国とのビジネスを大がかりに手がける台湾経済人を「商売人だ」と呼び、厳しい目を向ける。

そこに「理想と現実」のジレンマはあるが、台湾の安全保障こそが重要と考える政治家の目には、台湾海峡を隔てて対峙《たいじ》する中国との「商売」は一部の人の利益にしかならず、いずれ中国の台頭を招いて一般市民の安全を脅かすと映っていたようだ。

中国の江沢民との〝中台洋上トップ会談〟の極秘提案を李に蹴られたのは、海運と航空ビジネスで中国市場の開拓を進めていた長栄グループ会長、張栄発だった。

ただ、張は2003年の取材で、李と江の中台洋上トップ会談を画策したものの実現しなかったことを認めた上で、こう話した。

「当時の台湾経済は（中国に対し）なお強く、台湾の現状を99年間、維持させることを李総統から江主席の側に要求することだってできた。チャンスだった」と残念がった。必ずしも対中ビジネスが主眼ではなかったというが、李には理解されなかった。

「台湾の現状」とは、北京とは異なる政治実体が、台北で台湾を領土として統治している、との現実を意味する。国連加盟など、国際社会で認知される「国家」としての明確な線引きは先送りしてでも、中国と台湾の現状維持を中国側に保障させ、武力行使もチラつかせる「台湾統一工作」に歯止めをかけようとの狙いが張にはあったのだろう。

張は2011年3月11日の東日本大震災で、個人名義で被災地に10億円もの寄付をしたことで知られる。丸紅など日本企業との取引をテコに、貨物船の船長から一代で、巨大な企業集団を築いた戦後台湾でも有数の立志伝中の人物だった。

張にこの極秘提案を明かされた国策顧問の曽永賢も「張さんの当時の話には危ない部分もあった」と明かし、〝トップ会談〟で中国のペースに巻き込まれるリスクを感じていた。要人警護の問題に加え、会談内容を中国側が正しく伝える保証はどこにもない。

ただ、曽は「あのころ両岸（中台）トップ会談の実現を（台湾側としても何らかの方法で）考えていたことも確かだ」とし、江との会談を模索していたと明かした。

それぞれ思惑は違えども、何らかの形で中台が歩み寄る場を作ろうとの機運があった時期だった。

「アジア競技大会」に一時は招待されながら、中国の反発に主催者が折れて訪日を断念せざるを得なかった李にも思惑があった。

1994年10月3日付の香港英字紙エイシャン・ウォールストリート・ジャーナルに掲載されたインタビューで李は「台湾は中国との直接会談に神経質だが、アジア大会やアジア太平洋経済協力会議（ＡＰＥＣ）首脳会議の場ならば受け入れられる」と語っている。

さらにその翌年、95年6月、訪米先のニューヨーク州イサカでのこと。農学経済博士号を得た母校のコーネル大学で「台湾は中国大陸の経済自由化と民主化を援助できる」と演説の中で訴え、「国際的な場で江沢民先生と私の会見を」とも呼びかけた。

李の前任総統だった蔣経国《しょうけいこく》（１９１０～88年）はかたくなに「中共（共産党の中国）とは接触も交渉も妥協もしない」という「三不政策」を取っており、百八十度の方針転換だった。

台湾海峡に浮かべる船舶の上という閉ざされた空間ではなく、国際会議などのオープンな場を借りてトップ会談を自然に実現することに、李は意欲を示していた。

ところが訪米の翌月、95年7月から翌年3月にかけて「中国は弾道ミサイルを打ってきた。これが答えだった」と李は苦々しい表情を浮かべて振り返った。

亡き息子の「親友」も密使に

台湾で１９８８年から12年間続いた李登輝政権。曽永賢の他にも、李の指示で中国側と極秘接触した複数の「密使」が存在した。

総統府の秘書室主任だった蘇志誠《そしせい》（１９５５年生まれ）もその一人だ。曽の役割がほとんど知られなかったのに対し、蘇は李の総統退任から2カ月後の2000年7月、台湾の新聞にリークされ、一時は対中接触で違法性も疑われた。蘇は李の側近として内政にも深く関与した形跡があり、国民党の内部で反発を買っていた恐れがある。

蘇は大学時代の恩師、南懐瑾《なんかいきん》（1918~2012年）の仲介で、中国の国家主席だった楊尚昆サイドの人物と香港で接触していたと報じられた。蘇は共産党を反乱団体であると憲法で規定した「動員・反乱鎮圧時期条項」の廃止について1991年、中国側に李政権の方針を事前説明していたとされる。

台湾の『伝略《でんりやく》（伝記）蘇志誠』（四方書城、2002年出版）によれば、90年から蘇は香港で南を介して元上海市長の汪道涵《おうどうかん》（1915~2005年）と、中台の当局間対話の可能性について極秘の協議を始めていた。

台湾で民間団体の形を取った海峡交流基金会の理事長、辜振甫《こしんぽ》（1917~2005年）と中国の海峡両岸関係協会会長の汪が、93年4月にシンガポールで行った初会談のお膳立てをしたのは、蘇だとされる。

取材に応じた蘇は、当時の報道は「論評しない」と述べながらも「李総統は両岸（中台）の問題を解決する決意があった」と答えた。仲介役だった南については「弟子は恩師のことは評価しない。偉大な方だった」と口を閉ざした。ただ香港島の高台にあった南の高層マンションで何度も会っていた事実は認めた。

南は中国浙江省の生まれで、漢詩の第一人者として知られた人物。共産党軍との内戦に敗れた国民党軍と共に49年に台湾に渡ってきた。台北の北方、陽明山にある蘇の母校、中国文化大学などで教壇に立ったほか、台北市内では禅も教えていた。

ただ、汪も辜も、南と同じく、中国の伝統文化や思想を包み込む「国学」に造詣《ぞうけい》が深いという共通点があった。これが極秘情報ルートを作る信頼関係のベースにあったのではないか。中華民族の歴史ある輝かしい文化のルーツを共有している、との感覚だ。

蘇が香港で汪に最初に接触した1990年、汪も南も、このとき70代半ば。だが蘇はまだ30代だった。60代後半だった李はなぜ、若い蘇を重用したのか。

李は「蘇志誠は密使というより連絡係だった。息子の親友だったんだ」とだけ答えた。息子とは、李の長男で82年3月に上咽頭癌《じょういんとうがん》のため、31歳で亡くなった李憲文《りけんぶん》。蘇は憲文よりも年下だったが、大学で意気投合し、李登輝が台北市長だった時期に憲文の自宅に遊びに行き、知遇を得ていた。

ただ、取材で蘇は「李総統が亡くなった息子のように思って自分に仕事をさせたとは思わない」と話した。「憲文には友人も多く、李登輝は息子の頼みごとなど聞かない（潔癖な）人。私が秘書に向いていると判断したのではないか」という。

それでも周囲は、李が亡き息子の姿を蘇に投影し、蘇を重用したのではないかとみていた。

政治的には敵対する中台の関係。だが、人の縁で地下水脈のように結ばれていることは確かだった。蘇と同じく、夭逝した憲文にとっても南は大学時代の恩師であった。

「92年合意」という〝毒薬〟

「台湾を併呑《へいどん》するための毒薬だ」。台湾で対中政策を管轄する大陸委員会は2019年1月16日、踏み込んだ表現で、中国に反発した。

中国と台湾の窓口機関が1992年10月、香港で行った実務者レベルの協議で、「中国本土と台湾は不可分」という「一つの中国」の原則を確認したとされる「92年合意」を指す。中国側は蔡英文《さいえいぶん》（1956年生まれ）の政権に「92年合意」の受け入れを迫るが、蔡政権は合意の存在を否定している。

大陸委員会の声明では台湾社会に向けて「本質をしっかり見定めて（中国の）言いなりになるな」と呼び掛けた。

中国国務院（政府）の台湾事務弁公室は、受け入れを拒む蔡政権を「分裂主義だ」と批判している。「台湾は自国の領土」と主張する中国にとり、「92年合意」受け入れの可否は踏み絵だからだ。

結局、「92年合意」はあったのか、なかったのか。当時、現役総統だった李登輝は「そもそも92年合意なんてないんだ」と語気を強めた。「大陸委員会主任（閣僚）を歴任した蘇起《そき》（1949年生まれ）が、2000年に急に言い出したことだ」と改めて否定した。

香港での1992年の中台協議は、2001年に出版された『李登輝執政告白実録』（鄒景《すうけい》雯《ぶん》著、印刻出版）に、詳細が描かれている。中台双方が政府代表ではない、民間組織の窓口機関どうしの協議だった。

中国側は「海峡両岸関係協会（海協会）」、台湾側は「海峡交流基金会（海基会）」という名称で、いずれも法律担当者が出席。公的な文書の相互認証や書留郵便物の紛失保障など、実務的な話し合いだった。

ただ、協議初日の10月28日に、中国側が「一つの中国」について討議したいと要請し「双方が一つの中国の原則を堅持する」という意思表示を一方的に行ったという。ただし、台湾側は同意しなかった上、確認文書もない。

しかも協議後、当時は大陸委員会副主任委員で、後に国民党政権で2008年に総統になる馬英九《ばえいきゅう》（1950年生まれ）は「一つの中国」について「中共（中国共産党）の曖昧な概念をわれわれは絶対に受け入れない」とまで拒絶している。

同書によれば、中国の一方的な意思表示が、現在に至るまで中台対立の根幹をなす「一つの中国」問題の種となった。しかし、実務者レベルの協議で「あった」「なかった」の水掛け論争を繰り広げるのは政治の世界では実に奇異なことといえる。万一、実務者のレベルで何らかの合意があったとしても、国家主権に関わる、かくも重要なイシューであれば、再度トップ級の確認が必要になるはずだ。

香港会談の次のステップとして用意されたのが、1993年4月27日、シンガポールで行われた中国側の代表、汪道涵と台湾側の代表、辜振甫との会談だ。49年に中台が政治分断されて以来、最高ランクの歴史的会談となった。

李は「辜さんが会談の途中で電話をかけてきて、『一つの中国』を認めよと汪会長に求められたが、どうしましょうと言うから、『同意する必要などない』と答えた」と証言している。92年にも93年にも、どこにも「合意」などなかった、と言っていい。

ただ、2000年の総統選で国民党が敗北し、初めて政権を失ったショックの中で、蘇が突然、「92年合意」があったと言い出した、というのが李の見方だ。下野した国民党が対中融和策に大きくカジを切った瞬間だった。蘇の背後には、別の国民党の大物が控えていたかもしれない。

李が推した国民党候補が総統選で敗北し、選挙の責任を一身に負わされた李は国民党主席の座を辞した。李登輝なき国民党は「92年合意」という〝毒薬〟をのむことで共産党に接近し、党勢を盛り返そうとしたと考えられる。

蘇が主張した「92年合意」は「一つの中国」を中台それぞれが解釈するとの考えで、共産党側は「一つの中華人民共和国」、国民党側は「一つの中華民国」との主張をしながら「一つの中国」との考え方では一致しているとしていた。国民党側は「一中各表」と表現していた。李は「それは虚構の上塗りだ」と切り捨てた。まさに詭弁《きべん》といってもよかった。まして北京の側はそもそも「一中」の考えしかなく「各表」に譲歩する意思はなかったことは明らかだ。

中国の軍事脅威に「ミサイルは空砲」発言で対抗

台湾で1988年から2000年まで総統を務めた李登輝は実際、対立する中国共産党と、複数の階層で交渉ルートや情報収集チャンネルを構築してきた。

極秘裏に共産党トップらと交渉を行った「密使」のほか、民間組織の形をとった海峡交流基金会による表の顔も最前線にあった。公開情報から極秘の情報まで、李は情報部門と連携しながら「あらゆる内容を総合判断して対中政策を練った」と話している。

ただ、密使以上に見えざる極秘の情報ルートは「スパイ」だった。その一例は軍事スパイ容疑で逮捕され、中国で20年近く服役した後に刑期を終え、2019年1月23日に台湾に戻った楊銘中《ようめいちゆう》（1950年生まれ）だ。

台湾有力紙、聯合報《れんごうほう》などによると、楊は以前、特務組織、警備総司令部の一員であり、身分を隠して国際空港に職員として派遣されていた。空港を舞台に人間を介した情報収集（ヒューミント）を行っていたとみられる。楊は自身の情報源とされた中国人民解放軍の少尉、劉連《りゅうれん》昆《こん》（１９３３～99年）らとともに１９９９年前半に中国で逮捕された。劉は99年8月に死刑が執行されている。楊も死刑判決を受けたが、減刑されていた。

このスパイ事件の発端は96年3月だ。総統選を控え、中国は前年から続けてきた台湾への軍事威嚇で、3度目の弾道ミサイル演習を、南部の高雄の沖合わずか数十キロの海域を標的として発射すると予告してきていた。台湾の有権者を武力威嚇で不安に陥れ、李を落選させる狙いがあったことは明白だ。

中台の軍事緊張の高まりに、当時の米クリントン政権は、空母「インディペンデンス」「ニミッツ」の2隻と随伴艦を台湾海峡に派遣して、中国側を強く牽制《けんせい》する事態になっていた。だが、再選をめざしていた李は遊説先の北部、宜蘭県で3月7日、ミサイル演習は「単なる脅しだ。実弾も入っていないから恐れる必要などない。落ち着いて団結しよう」と呼びかけた。

この「実弾なし」との李の発言に「誰かが情報を売った」と考えた中国人民解放軍が内偵を開始したという。その結果、楊や劉を含む複数の人物が、機密漏洩《ろうえい》やスパイ行為などの容疑で99年までに、中国側で相次ぎ逮捕された。

空砲との情報は人民解放軍内部でも極秘だった。この時のミサイル情報のみならず、劉が台湾から得たとされる情報提供料は、6年間で1億円近い額だったとの報道もある。

95年7月から96年3月までの「台湾海峡危機」では、楊や劉以外にも多数のスパイが中台双方で摘発されたとされる。

李は「実弾なし」との情報を事前に得ていたと話したが、その情報源は明かさなかった。楊からの情報だった可能性は排除できない。

一方で、李の側近で総統府秘書室主任だった蘇志誠は「李総統は選挙の際のものの言い方として『空砲だ』としただけで（中国側に逮捕された楊らは）冤罪《えんざい》だった」と考えている。

李を「台湾独立派」とみなして攻撃し続けた中国だったが、結果的に李の「実弾なし」発言が有権者の不安をぬぐい、そのうえ、中国の軍事脅威に対する強烈な反発心も掻き立てて、3月23日の総統選で李は、54％もの得票率で圧勝した。それまでの総統選出が間接選挙だったのに対し、李が主導した憲法改正で、96年3月から直接総統選に変わっていた。

李の「実弾なし」発言は実際、台湾スパイ組織に自ら打撃を与えた事件だったかもしれない。しかし、2千万人を超える台湾住民の生命や財産の安全と、中国に対抗しうる強い台湾政治の姿勢を、李は選挙時の「発言」という民主主義の「武器」で守り抜いたと言ってもいい。

「台湾は台湾であって中国じゃない」

「総統になってから、いかに台湾を『国家』として正常化すべきか、ずっと考えてきたんだ」。元総統の李登輝はこう話す。

1988年1月13日。与党の中国国民党政権で副総統だった李は、総統だった蔣経国の死去に伴い、憲法の規定でこの日、昇格した。以来、2回の選挙を経て、2000年5月20日まで総統を務める。

だが、李の言葉を裏返せば「台湾は正常な『国家』ではなかった」と解釈できる。

台湾の面積は日本の九州とほぼ同じ約3万6千平方キロ。人口は約2400万人でオーストラリア並み。オランダやベルギーよりも多い。一方、統治する政治実体はあるが、国連のメンバーではない。バチカンやパラオなど十数カ国と外交関係をもつにすぎない。日米など主要国と外交関係はない。

北朝鮮ですら国連に加盟し、160カ国以上と国交がある。日本にとっては身近な「隣人」の台湾も国際社会からみれば、その曖昧な存在は際立っている。

一方、北京の「中華人民共和国」は中国本土と台湾を不可分とする「一つの中国」原則を掲げ、「中台統一」を強く迫っている。

台湾総統府の直属学術機関、中央研究院近代史研究所の元副研究員、林泉忠《りんせんちゅう》（1964年生まれ）は「共産主義陣営と資本主義陣営による東西冷戦時代に似た政治的な構図が、中国と台湾の間になおも残されている」と指摘した。

1895年から日本が統治した台湾は1945年8月、大東亜戦争での敗戦で日本が領有を放棄し、中国大陸にあった蔣介石率いる国民党の「中華民国」に支配される。連合国側が国民党政権を「戦勝国」として台湾統治を委託した。

ただ、国民党軍は中国大陸において、日本の敗退後も続けられた「第二次国共内戦」（※）を続けたが、毛沢東率いる中国共産党軍に敗れる。

1949年10月1日に北京の天安門広場で毛が「中華人民共和国」成立を宣言する一方、蔣介石は国民党の幹部や家族、軍人のほか料理人や学者など総勢200万人以上を中国大陸から引き連れて同年12月、台湾に逃れた。

同時に北京の故宮博物院にあった中国歴代皇帝の貴重な文物およそ68万点を、さまざまなルートで台北に移設した。中華文明の粋を集めた収蔵品を保持していることが「中国」を代表する政権だと主張する上で根拠になる、と蔣介石は考えたのだろう。

台北にも北京にも「故宮博物院」が並立していることが「中国の代表権」争いの痕跡ともいえる。

右：蔣経国の死去に伴い、憲法の規定で副総統から総統への就任を、台北市内の総統府で孫文の肖像の前で宣誓した李登輝＝1988年1月13日
左：総統就任の直後、総統府の応接室で来客を待つ李登輝＝1988年1月15日
（いずれも李登輝基金会提供）

林の指摘した通り、中国と台湾は海峡を挟んで事実上、政治分断され、冷戦時代に共産圏と民主主義圏に分割された東西ドイツにも似た関係を続けた。２０１９年にはそれから70年が経過した。

さらに複雑なのは戦後、国民党の「中華民国」が国連で常任理事国となったが、１９７1年10月に共産党の「中華人民共和国」に取って替わられたことだ。国民党と共産党は国連で「中国」を代表する正統政権を争い、国民党の台湾はここでも敗北する。その後、国際社会の地位で台湾側の劣勢は、決定的となる。

それでも介石と経国の蔣親子が台湾を独裁支配した時期は、中国大陸すべてを領土とみなす「虚構」がまかり通っており、いずれ国民党が中国本土を奪還するとの政策が建前だった。

ただ、88年に総統になった李は、国民党内の反発を抑えながら「静かにそろりと『台湾は台湾であって中国じゃない』という考え方」を実行に移していったという。いわば「虚構くずし」が李の基本にあった。そこから台湾の民主化への挑戦が始まったといっていい。

その最大の成果は憲法改正で李が96年に初実施した総統直接選だろう。２０２０年1月に行われた総統選は、有権者による直接選挙として7回目だった。


（※）**第二次国共内戦**（51頁）

１９４５年の大東亜戦争終結後、蔣介石が率いた中国国民党の軍と、毛沢東が率いた中国共産党の軍が、中国大陸で政権の主導権を争った戦い。形勢は共産党側に傾き49年10月1日、「中華人民共和国」が北京で成立。蔣介石は敗退した国民党軍など２００万人以上を引き連れて同年12月、台湾に逃れた。終戦まで台湾は日本統治下にあったが、連合国の側は国民党政権の「中華民国」を「戦勝国」として台湾統治を委託していた。

第2章

日本統治下に生まれて

22歳まで「日本人だった」

「22歳まで日本人だったんだ。ここまでね」。台湾の元総統、李登輝《りとうき》は満面の笑顔を浮かべながら、右の手のひらを水平にして、首まで持ち上げて日本語でこう話した。

李は数世代前の祖先が中国大陸から台湾に渡ってきており「日本人と血のつながり」があるわけではない。それでも「私たちの世代の台湾人は純粋な日本精神がある」と言ってはばからないのは、もっぱら「教育」を指してのことだ。

李は「明治政府は台湾の経営をまず、教育から始めた。これは歴史的にみて欧米列強（の植民地）では例のないこと」と評した。

『台湾史小辞典』（中国書店）によると、日本の統治が始まった1895（明治28）年にすぐ、台湾人子弟向け日本語学校「芝山巌学堂《しざんがんがくどう》」が台北で開校した。その3年後には「台湾公学校令《こうがっこうれい》」が公布され、台湾の全土に初等教育が広がっていく。

家庭内で台湾語など地元の言葉を使う子弟向けの公学校（小学校に相当）は、1941年の段階で台湾全土に820校を数え「あいうえお」から日本語を教えた。李は警察官だった父親の転勤で公学校時代に4回も転校したというが、公学校がない地域はなかった。

両親が日本の教育を受けて家庭でも日本語を使う「国語家庭」と呼ばれた台湾人の子弟や、内地（日本の本土）出身など日本人の子供が通った小学校も150校あった。

台湾人の子弟向けだった公学校ではどのような教育が行われたのか。司馬遼太郎《しばりょうたろう》著『街道をゆく　四十　台湾紀行』に司馬の案内役として登場し、李とも交友が深かった蔡焜燦《さいこんさん》（1927〜2017年）に蔡の母校である台中の清水《きよみず》公学校を案内してもらった。

2015年7月のこと。現在の名称は清水国民小学で、戦前の校舎がそのまま使われている。

蔡は「昭和10（1935）年の当時、内地にもない『視聴覚教育』が清水公学校にはあった」と自慢げに話した。講堂で「映画を見せてくれたり、内地から招いた琵琶法師の生の演奏を聴かせてくれたりした」と思い出話に花を咲かせた。

当時は珍しかったレコードで音楽やラジオドラマなども校内放送した。蔡は童謡から小学唱歌、浪花節や軍歌まで、童話から日本神話まで、公学校時代に習った内容を晩年もほとんどそらんじていた。「みんな目と耳で学習できた日本の教育のおかげだ。世界観が広がったんだよ」と笑った。

蔡は清水公学校で昭和10年の当時、校長だった川村秀徳が、視聴覚教育の内容を活字にしてまとめた『総合教育読本』の復刻版を私費で印刷し、関係者に数千部、配ったことがある。「台湾人を差別した日本人もいたにはいたが、台湾人の子供にも熱心で優しく接した日本人の教師の存在は生涯忘れない。立派な日本人もたくさんいたんだ」と熱く語ったものだ。

蔡は晩年も階段を上がり下がりするとき、段数を日本語で「いち、にい、さん」と口に出して数えていた。その理由を尋ねると「清水公学校に上がってすぐ、日本人の先生が数の数え方を覚えるために、階段の上がり下がりのとき、段数を数えなさいと教えてくれた。そのときからの習慣かな」といった。日本統治時代の台湾少年がそのまま、大人になったのが蔡だった。

２００５年の夏のこと。南部の屏東《へいとう》市で80歳前後の地元の女性たちが、朝早く公園で輪になって、日本語の歌詞を口ずさんでいる姿を見かけた。

「今まで知らないアイウエオ、習って手紙がカキクケコ、朝日が強くサシスセソ」。その歌を聞いていると「くわ振りたんぼにタチツテト、暑さも何もナニヌネノ、青田の草取りハヒフヘホ」と続いた。女性たちは戦前の小学校で日本人の先生から習ったと話した。

屏東で自分の受け持ちの子供たちに「アイウエオ」を覚えさせようとした先生が創作した歌詞だろうか。五十音にかけ、いろは歌より簡単だ。

「月がまん丸マミムメモ、勉強やまずヤイユエヨ、国語教えるラリルレロ、言葉わかってワイウエヲ」。すっかりおばさんになった女性たちも、公学校の当時を懐かしがって、少女のころに戻ったかのように笑い声が絶えなかった。

階段で「いち、にい、さん」と数える蔡の姿と重なる。

しかし、李が総統時代の１９９６年に編纂《へんさん》を命じ、97年から中学校で使われた歴史教科書『認識臺灣《たいわん》』の記述では、台湾での日本統治時代の教育普及は「植民地政策を貫徹させるた

右：台北郊外の汐止公学校（台湾人子弟が通う小学校）２年生のころの李登輝（右）と２歳年上の兄、李登欽（李登輝基金会提供）
左：台中の母校、清水公学校（現・清水国民小学）で日本統治時代のまま残された講堂を案内する蔡焜燦（中央）＝2015年7月18日

め」との目的があったと指摘されている。そのことは李も蔡も理解している。

それでも李は「数学や物理、歴史など（中国古典では得られない）世界の新しい知識が吸収できるようになったのは日本教育の最大の効果だった」と評価した。

日本統治以前の台湾で教育といえば、富裕層の子弟が私塾で、読み書きを習って中国の古典を学ぶか、海外に出る以外、ほとんど方法がなかったからだ。

同教科書によると、40年には学齢児童の60％近くが公学校や小学校に入り、終戦を迎えた45年に日本語普及率は75％を超えていた。台湾の人々のそもそもの素養に日本統治50年の教育普及が加わり、あっという間に文明国の仲間入りを果たしていた。

公学校４年生のとき、好奇心の強かった

李は父親に小学館の『児童百科事典』をねだって買ってもらい、隅から隅まで読んだ。淡水中学校に進んだころには『古事記』『源氏物語』『徒然草』なども読破し、最難関の旧制台北高等学校の受験をめざしていた。

世界史教師の夢を阻まれた台湾青年

台湾は、日清戦争に敗れた清国から1895年の日清講和条約（下関条約）で割譲され、日本の領土の一部となった（※1）。台湾出身者にも等しく日本国籍が与えられた。ただ、日本統治時代では、父親が警察の幹部で、経済的にも恵まれていた李登輝のような台湾人ばかりではなかった。内地（日本の本土）からの日本人や子弟が、必ずしも台湾人を尊重したわけではなく、心ない蔑視や差別もあった。

日本人は当時、台湾出身者を「本島人」と呼び、区別していたからだ。

台北の郊外で1929年に生まれ、戦後は日本で台湾人の人権保護運動などに関わっていた林景明《りんけいめい》は、著書『日本統治下　台湾の「皇民化」教育』（高文研）で、戦前の日本教育について「日本が目指したのは殖産興業のための労働力の養成と台湾人の同化だった。明らかな差別があった」と厳しく指摘している。

「勉強は自分のためではなく、お国のためだ、と言わないと中学入試にも合格しなかった」という。文化や伝統、宗教まで異なる台湾人の子弟に対し、不本意な思想上の圧力もあった。日本は台湾統治のため、台北の中心部に行政府として総督府《そうとくふ》を置き、総督に強い権限を持たせていた。

政治団体「台湾独立建国連盟」の前主席で、李とも交友の深かった黄昭堂《こうしょうどう》（1932～2011年）は、日本の昭和大学教授だった1981年に出版した『台湾総督府』の復刻版（鴻《こう》儒堂《じゅどう》出版社）でこう書いている。

「台湾総督は（分け隔てなく公平に愛する）一視同仁《いっしどうじん》で等しく日本人なり、と唱えてはいたが、日本国籍である本島人（台湾人）を中国人への蔑称で呼ぶ内地人が多かった」

黄はまた「（内地から来た日本人は）地位の高低にかかわりなく、裏長屋のおかみさんまで尊大な構え方で台湾人に傲然たる態度をとった」としている。

30年には山間部の霧社《むしゃ》（現・南投《なんとう》県仁愛郷）で「高砂族《たかさご》」と呼ばれた先住民が総督府の統治政策に反発し、武装蜂起《ほうき》した。

建設作業にかり出されて低賃金で酷使されるなど、劣悪な環境に耐えかねた先住民が武装し、日本人が大半の小学校の運動会を襲撃した。幼児を含む日本人ら134人が殺害された。

事件を受けて日本の軍や警察の部隊が武力による鎮圧を開始。その際、部族の異なる村落から人を集めて先住民同士を争わせるなど壮絶な場面もあり、約1千人が死亡した。時の総督、石塚英蔵《いしづかえいぞう》（1866～1942年）らは事件の責任を取り辞任している。

李は日本統治時代の負の側面について、表だって発言することは少ない。ただ「将来は世界史の教師になりたいと考えていたが（高等学校などで）台湾人は採用されないと知り（大学への進学で）進路を変えた」と無念そうに話したことがある。

当時は、台湾の中学や高等学校、あるいは台北帝国大学（現・台湾大学）などで、台湾出身者を正式な教員として採用しないことが暗黙の了解だったようだ。

さらには政界や官界、検察官や軍の将校など、権限を持つ職位での台湾人の登用は狭き門だったとされ、優秀な台湾青年は医師や弁護士、研究者などの高度に専門的な職業や、実業家などをめざす以外、活路は多くなかった。

統治者であった当時の日本は、有能な台湾人がいずれ、反日運動を繰り広げると警戒し、どこかで歯止めをかけようとしていたのであろうか。

文武両道の「岩里政男」

日本統治時代の1923（大正12）年に台湾で生まれた元総統の李登輝にとり、幼いころから親しんだ日本語は「母語」といえた。李は中学時代までに「岩波文庫を700冊は読んだな。日本語で古今東西の知識に触れることができた」という。

幅広く『古事記』『源氏物語』『夏目漱石全集』なども読破していた李は、難関の旧制台北高等学校に40年に入学する。東京の「一高」や仙台の「二高」などの「ナンバースクール」と呼ばれた内地の旧制高校に準じ、22年に外地で初めて設立された。大学の教養課程にあたる高い教養教育が行われた。

「40人ほどのクラスに台湾人は3、4人で、あとは内地の日本人だったが差別的な扱いはなかった」と李は振り返る。1年生の記念写真で李は最前列のほぼ中央に座っていた。背景に映った校舎は、現在も台湾師範大学で使われている。

旧制台北高等学校時代の李登輝（李登輝基金会提供）

李と1歳違いで台北高校では李とも親しく、戦後は労働省（現・厚生労働省）の官僚になった山口政治《まさじ》（1924〜2010年）は「岩里《いわさと》さんは長身で剣道は負けなし、理路整然と議論でも負けなしの文武両道で、当時は学内で誰も歯が立たなかった」と話してくれたことがある。

山口がいう「岩里」は李家の日本名で、李が中学のころ父親が改正名を決めたという。李本人は「里《り》を李の代わりに残して、岩をつけると日本風になって語呂《ごろ》がよかった。名は政男《まさお》だった」と説明した。2歳年上の兄は「岩里武則《たけのり》」だった。

『台湾史小辞典』によると、日本統治下の台湾で改正名が許可制で始まったのは1940年2月のこと。同書によると、当時約500万の台湾人で改正名したのは結局、43年末で12万人にすぎなかった。

『日本統治下　台湾の「皇民化」教育』（高文研）の記述では、家庭で日本語を常用している〝台湾人エリート〟の「国語家庭」に改正名を強要したが、子弟が上級校を受験する場合、合否判定で加点など優遇されることもあったという。

日本の統治機構の重要な役割を果たした警察の幹部が家長であった李家が、日本名を名乗ることはこの時代、自然な流れだったのだろう。李家は実際、制度導入より早く自発的に改正名したようだ。

台北高校も当時、内地の旧制高校と同じく学生たちは「人生とは何か」といった哲学的な思索にふけって議論していた。李は「寝ても覚めても『死と生』のことばかり考えて苦悶《くもん》していた」というが、書物に光明を見いだすことになる。

なかでも李は、西田幾多郎《にしだきたろう》（1870～1945年）の『善の研究』やゲーテの『ファウスト』、倉田百三の『出家とその弟子』やカーライル『衣服哲学』などに影響を受け「新渡戸稲造《にとべいなぞう》（1862～1933年）の『武士道』が人生を決定づけた」と話した。

かくすればかくなるものと知りながら　やむにやまれぬ大和魂（吉田松陰《しょういん》）

李は「『武士道』に出てくる和歌だ」といい、すらすらと何首も披露した。

「武士道というは死ぬことと見つけたり」

旧制台北高校の学生だった李登輝は、新渡戸稲造の著書『武士道』を読んで「雷に打たれたような衝撃を受けた」という。それには、李が子供のころ受けた『論語』の教育に伏線があったと考えられる。

李は、北部の台北州三芝郷（現・新北市三芝区）で生まれた。台湾人の父親は当時としては珍しく警察学校を卒業したエリート警察官で「刑事だった」と李はいう。母親は地元の保正（村長）の家柄で、李家は比較的、経済的に恵まれていた。

公学校では日本語で幅広く勉強する一方、父親のすすめで近隣の私塾にも通って中国古典を学んでいた。

李は「あまり人に話したことがない」と前置きして「8歳のころ学んだ論語に出てくる（春

秋時代の思想家）孔子《こうし》の言葉が強く記憶に残った」と明かした。

孔子が弟子に「死」について問われ「まだ生についてよく分かっていないのに、どうして死のことが分かろうか（未《いま》だ生を知らず、焉《いず》くんぞ死を知らん）」と答えた場面だった。

少年の李は『論語』に〝ひっかかり〟を感じたのだろうか。転校ばかりで友人があまりできず、独りで読書にふけることの多かった李は「子供のころから多感で、寝ても覚めても『死と生』のことばかり考えて苦悶していた」と話した。

それが「雷に打たれた」ように氷解したのが「武士道」との出会いだった。

「生についてよく分かっていない」という『論語』に示された中国人的な考え方と「武士道というは死ぬことと見つけたり」とする佐賀鍋島《なべしま》藩士による「葉隠《はがくれ》」の精神に代表される日本人的な考え方が根本から異なることを知る。

「戦争や死」が迫りつつあった時代。李は「死」への考え方で自らの軸が「日本人的」だったことに気づかされたといえる。

もちろん李は「死」を賛美しているわけではない。

台湾出身の評論家、黄文雄《こうぶんゆう》（1938年生まれ）は、李の考えを「『死生観』と『生死観』の違い」と解釈してみせた。

死を意識して初めて、生きる力が湧いてくるのが日本人の「死生観」であり、死を忌《い》み嫌って、現世の金銭や権力にこだわるのが中国人の「生死観」という。生と死の語順が逆だ。

李は子供のころから、日本人的な考え方と中国人的な考え方を知らず知らず、比較してきたのだろう。

「このことが総統になって、どう政治をしていくべきか、判断の分かれ目になった」と李は回想する。

「死生観」に限らず「公」と「私」の区別など、古来の日本人的な発想に基づく判断を下す。その一方で、場合によっては対極をなす中国人的な行動もできるハイブリッドな政治家だと考えれば、納得もいく。

農業経済学が専門だった新渡戸は、李が生まれるよりも前、台湾総督府で製糖産業の育成などに携わった経歴があり、その後、京都帝国大学（現・京都大学）教授を兼務した。

李は自らの著書『「武士道」解題』（小学館）に「何の迷いもなく進学先として新渡戸先生がいた京都帝国大学の農学部農林経済学科を選んだ」と書いている。新渡戸の思想に傾倒していた。

幻の講演原稿「行動を伴うのが日本精神」

台湾で１９４５年まで50年間続いた日本統治をめぐって複雑な心境ものぞかせた元総統の李登輝だが、自身がこの時代を生きた日本人に深い関心を寄せ、影響を受けたことも事実だ。

「台湾で最も愛される日本人のひとり、八田與一《はったよいち》について説明しましょう」

慶應義塾大学での2002（平成14）年11月の「三田祭」向けに李が「日本人の精神」と題して用意した講演原稿は、八田與一（1886～1942年）がテーマだった。

八田は日本統治時代の台湾で、大規模な灌漑《かんがい》土木プロジェクト「嘉南大圳《かなんたいしゅう》」を10年かけて1930年に完成させた技師だ。農業用水不足などが原因で、不毛の大地といわれた南部の西岸沿いを「台湾最大の穀倉地帯に変えた」と、李は評価した。給水量1億トンを超える烏山頭《うざんとう》ダムや総延長1万6千キロの給排水路は、90年を経たいまも現役だ。

ただ、八田を取り上げた理由で李は「誠《まこと》をもって率先垂範《そっせんすいはん》、実践躬行《じっせんきゅうこう》する日本の精神が脈々と存在していたこと」を強調した。

1923（大正12）年9月の関東大震災の影響で工事予算が削減された際、「優秀な少数の者より平凡な多数の者が仕事をなす」と、八田は再就職ができそうな優秀な人材から先に解雇した。日本の内地でも差別が横行した時代だったが、作業中に亡くなった人員は日本人か台湾人かも、民族や身分にも関係なく八田は等しく弔った。

さらに、限られた水の量を地域ごとに分けて平等に配分し、農民の大多数が恩恵を受けられるしくみを作ったり、現場での農業指導まで手を貸したりした。

李は「日本精神の良さは口先だけではなく実際に行う、真心をもって行うところにある」と書いた。

烏山頭ダムでは八田の命日にあたる5月8日、地元の農民らの手による慰霊祭が毎年続けられている。

2003年の慰霊祭では実際に八田に仕えていた顔雲霄《がんうんしょう》（当時70歳）が「苦難があっても仕事を成し遂げた八田さんに感動し、この姿こそが日本人だと思った」と取材に答えた。

李は台湾で活躍した実在の日本人を挙げて、現代の若者に「日本人の精神」の価値を訴えようとした。

烏山頭ダムに置かれた八田與一の銅像。台南の元測量技師、顔雲霄（右）は八田を「兄」と慕った＝2003年5月6日

だが、慶應大学での講演は当時、外務省が李の訪日ビザ発給に難色を示し、中止される事態となった。

反発する中国への配慮があったとみられるが、何ら政治色のない講演機会まで奪われた李は、八田の時代の「日本人の精神」との落差を感じ、不信感も募らせていたようだ。

幻となった講演原稿を李は当初、「もはや不要で誰にも渡さない」と首を横に振っていた。だが、李の事務所や側近の鍾振宏《しょうしんこう》（1929〜2019年）の台北市内の自宅に1週間近く日参した記者（河崎）だけには根負けし、李はしぶしぶ原稿を渡すことを認めた。

2002（平成14）年11月19日付の産経新聞で、1面と国際面の1ページを使って、幻の講演原稿「日本人の精神」全文が掲載されたが、その記事をみた李は翌日、記者を自宅に招いて「結果的に八田の偉業が何百万人もの日本人に知れ渡った」と喜んだ。

産経新聞がスクープした原稿は03年発行の『「武士道」解題』にもそのまま転用されている。外務省は結局、04年暮れに李と家族による訪日旅行を認めることになった。李は同年12月、石川県金沢市にある八田の生家や「ふるさと偉人館」に陳列されていた八田の胸像や資料を見学しながら「あの時代の日本人は立派だったな」とつぶやいた。

☆幻の講演原稿「日本人の精神」全文は巻末参照

後藤新平の生き方を追い求める

李登輝はいつになく、耳まで紅潮させながら、うれしさを隠せずにいた。2007（平成19）年6月1日に東京の国際文化会館で行われた第1回「後藤新平賞《ごとうしんぺい》」授賞式のときだ。

李はこの日、「私がこの光栄に浴し得たことを、一生の栄誉と深く感謝しております」と述べている。

後藤新平（1857～1929年）は、日本統治が始まって3年後の1898年から8年あまり、台湾総督府の民政長官として活躍した人物だ。後には南満洲鉄道（満鉄）の初代総裁や外相まで歴任している。

李は授賞式で「後藤新平と私」と題して行った講演の中で、後藤の台湾での業績として具体的に12項目をあげた。公共衛生の改善や教育制度の整備、専売制の導入などだ。なかでも、当時は中国大陸から持ち込まれ、台湾でも蔓延《まんえん》していた麻薬の一種、アヘンを専売制にして、徐々に中毒患者を減らしていった政策の手腕を高く評価している。

さらに李は12年間の総統時代に「台湾の民主化を促進した私と（後藤は）決して無縁ではない。（台湾という）空間的な強いつながりがある」と話した。

民政長官として台湾の近代化を前進させた後藤の生き方に、李は自らの総統時代を重ね合わせていたからこそ「一生の栄誉」とまで心情を吐露したのだ。

山岡淳一郎の著書『後藤新平　日本の羅針盤となった男』（草思社）にこんな場面が紹介されている。

内務省で衛生局長だった医師出身の後藤が、第4代台湾総督の児玉源太郎《こだまげんたろう》（1852～1906年）にナンバー2の民政長官に引き抜かれたばかりのころ。

施政方針演説の起草を命じられた後藤は「そんなものは、やらんほうがいいでしょう。皆が演説をしないのを不審に思って訊《き》きにきたら、おれは『生物学の原則でやる』とお応えください」と言ったという。

「生物学の原則」とは台湾の人々の習慣や生き方を重視し、その上で政策を考え、いきなり日本的な手法を押しつけない、との意味だ。「ヒラメの目が横についていて、それを鯛のようにしろといっても、できるものじゃない」からだ。

これを李は「生物学的植民地論」と解釈した。

戦後、蔣介石《しょうかいせき》（1887〜1975年）率いる中国国民党は台湾で独裁的な支配と、住民の弾圧を続けた。そこに「生物学的」な発想は皆無だった。

しかし、1988年に前任の蔣経国《けいこく》の死去に伴い、憲法の規定で副総統から総統に昇格した後の李は、後藤の政策が念頭にあった。既得権益層だったヒラメ（独裁体制）をいきなり追い詰めるべきではない。政治的に徐々に網をかけてヒラメをすくい上げていき、鯛が泳げる民主社会を静かに築いていった。

李と親しかった実業家の蔡焜燦は、後藤が語ったという「カネを残す人生は下、事業を残す人生は中、人を残す人生こそが上だ」との言葉を座右の銘にしていた。蔡は「李総統こそが後藤新平の残した人だ」と考えていた。世代は異なれど、台湾という同じ場所で李も蔡も、時空を超えて後藤の生き方を追い求めていた。

「学生時代と今の台湾を重ねると胸が熱くなる」

２００４（平成16）年の大晦日、台湾元総統の李登輝は、雪の降りしきる京都にいた。日本の外務省が3年ぶりに訪日ビザを認めた李と家族の旅行だった。訪問先は李が旧制台北高校を卒業後、在学した京都帝国大学時代の恩師、柏祐賢《かしわすけかた》（１９０７～２００７年）の自宅だった。

このとき李は81歳、柏は97歳。柏宅には日本や台湾の記者らが詰めかけた。応接間で柏の横に座った李は、恩師の左手を握りながら、体を寄せ合うように1時間近く、談笑した。

柏は61年ぶりだったという2人の再会に「もう一度会えると思わなかった」といい、「１０0年たっても師弟は師弟。だが（李は）天下人《てんかびと》だ」と快活に笑った。

李の在学時、助教授だった柏の講義「北支《ほくし》（中国北部）の経済秩序」に「強い影響を受けた」と李はいう。李は農学部の学生で農業経済学が専門だった。

柏は戦前、中国東北部の旧満洲国や内モンゴルで農業調査をしていた。日本とは気候も土壌も農作物も異なる大陸のこと。柏は学術的な研究に加え、日本の国策として送り込まれた「満《まん》蒙《もう》開拓団」の農民らに実践的な農業指導も行った。

李は旧制台北高校の学生時代、かつて台湾総督府で行政に携わった新渡戸稲造や後藤新平らの生き方に心酔していた。『武士道』の著者だった新渡戸は台湾勤務の後、京都帝国大学教授となって専門の農業経済学を教えた。台湾の近代化に尽くした後藤は、満鉄初代総裁に転じた。

満鉄は終戦まで、日本の満洲経営の中核として、農業や工業など経済全般にも関わる特殊会社だった。

李は「京都帝国大学で農業経済学を学んで、卒業後に満鉄で働きたいと思っていたんだ」と話した。新渡戸と後藤を追いかけていた。それが柏の講義で、農業経済学と中国東北部の仕事、という2つの具体的なイメージが結びついていった。

柏の次男で、農業経済学が専門の元京都大学教授、柏久《ひさし》（1947年生まれ）はさらに一人の日本人の名を挙げた。「父と李登輝先生の師弟関係を決定づけたのは、京都学派に脈々と流れる西田幾多郎の哲学だ。父は西田哲学の上に農業経済学を形作った」という。

西田幾多郎が書き、1911（明治44）年に出版された『善の研究』は戦前の旧制高校生には、必読の書だった。

李は柏を訪ねる数日前に石川県かほく市の「西田幾多郎記念哲学館」にも足を運んだ。展示をみながら李は、周囲に話しかけるように「西田哲学は『場所の論理』なんだ」と言った。

李は取材に「台湾に生まれ育った台湾人は（日本統治時代なども含め）400年にわたって

外来政権に統治された。台湾の（地政学的な）場所。台湾に生まれた悲哀だ」と言った。

李は「だが台湾は民主化された。（西田哲学を勉強した）学生時代の自分と今の台湾を重ね合わせると胸が熱くなる」と続けた。民主化で「場所」としての台湾の「悲哀」が「幸福」に変わったと感じたのだ。

台湾、新渡戸、後藤、西田。そして京都帝国大学、農業経済、満鉄、台湾社会のありよう。台北高校時代の李の心に、悲哀とともに点在していたいくつもの思いが、京都帝国大学での京都学派の柏との出会いで線で結ばれ、面になっていったのではないか。

日本統治時代の台湾で行われた高い教養教育の成果が京都で花開いたのだ。

京都帝国大学時代の恩師、柏祐賢（左）の京都の自宅を訪ねた李登輝＝2004年12月31日

「私は永遠に20歳のまま柏先生の学生です」

李登輝が思索を深めた京都学派の重要なカギは、西田幾多郎の哲学にもみえる「アウフヘーベン（止揚《しよう》）」（※2）ではないだろうか。李は戦後台湾、政治の世界にあって、乖離《かいり》していた理想と現実の矛盾を、いかにアウフヘーベンすべきか、そればかり考えていた。「民主化された正常な国家」が理想でありながら、目の前には「国民党独裁による不健全な国家」という厳しい現実が横たわる。この矛盾をどう解決するか。

武装蜂起して革命を起こし、新たな政権を樹立してすべてを「一から始める国家づくり」も、世界では過去に数々の例がある。フランス王国時代にパリで1789年7月14日、バスティーユ牢獄を襲撃したことで始まった「フランス革命」もそうだろう。

しかし、武装蜂起による革命は多くの血が流され、革命は必ずしも成功するとは限らない。李が「台湾」という確固たる国家を作り上げる過程で、手枷足枷《てかせあしかせ》の残る「国民党」「中華思想」の虚構や呪縛《じゅばく》から、そろりそろりと抜け出してきたのは、いまにして思えば「アウフヘーベン」の手法のように思える。李が「哲人政治家」と呼ばれるゆえんだろう。

国民党内部の守旧派によるクーデターもどきの妨害工作や、中国共産党からの武力的な威圧も含む政治圧力、加えて台湾内部で性急な「台湾独立」を強く要求する勢力からの突き上げもすべてコントロールし、ダッチロールしながらも、政策や人心掌握を絶妙にバランスを取って異なる次元で新たな解決策を探すことで、いわば民主化という空港に無事に到達し、静かに着陸させた。

その李の強靱《きょうじん》な精神力と忍耐力、実践躬行を支えた基礎が日本教育にあったことは疑う余地がない。その思想の出発点は西田哲学と京都学派だったといっていい。

61年ぶりに、2004(平成16)年の大晦日、ようやく再会した恩師の柏祐賢に、青年李登輝は「柏先生の教えのおかげで、僕はやっとこさ困難に耐え、生き抜いて、一歩でも二歩でも理想の実現に向けて実践躬行して参りました」と報告した。それを聞いた柏の笑顔を見たかったに違いない。

柏が2007(平成19)年3月21日に99歳で亡くなったあと、葬儀に送った「弔辞」で李登輝はこう述べている。

「あの日(2004年12月31日のこと)、柏先生は『100年経っても師弟は師弟。だがこの人は天下人だ』と笑いながらおっしゃってくださいました。しかし、そうではありません。私は、先生の前で、いまだ20歳の学生です。いや、先生が身罷《みまか》られた今も、私は永遠に20歳のまま柏先生の学生なのです」

「台湾の高校を卒業した後、私は一人で京都(帝国)大学に参りました。友人もなければ、頼る人もいない、そのような不安な学業生活を送っていた私に、柏先生は、学問はもちろんのこと、人の在り方や人の生き方も教えてくださり、更に元気と勇気を与えてくださいました」

「終戦で私は台湾に戻り、今に至りましたが、この数十年以来、私は先生の教えを片時も忘れることはありませんでした。先生が私に授けてくださった教えは、それからの私の人生における原則となりました。もし、あのとき、柏先生の偉大な教えがなければ、現在の李登輝もなかったと思います」

李登輝はまさに、いまも、そしてこれからも「永遠に20歳のまま、僕は柏祐賢先生の学生だ」と信じ、生きていくのだ。

柏の次男で元京都大学教授の柏久は、李登輝と父、西田を結ぶ見えざる心の地下水脈を見抜き、これを『李登輝の偉業と西田哲学』（産経新聞出版）として著している。

「父ちゃん」への思い

「父ちゃん」。父親の李《り》金龍《きんりゆう》（1900〜95年）の話をするとき、李登輝はいまも日本語で懐かしそうにこういう。

日本統治時代、大正の初めに李の父親は警察学校に進み、卒業後に警察に採用された。父親がなぜ警察官をめざしたか、李は「わからない」という。ただ、父親は「背は高くなかったが柔道は強かった」といい、採用後に「刑事になった」と話した。

台湾総督府で後藤新平が行政長官のころ、台湾全土に警察機構を張り巡らせていた。治安維持や犯罪捜査の最前線には、警察学校で日本式の訓練を受け、地元の言葉も話せる警察官が欠かせなかった。李の父親は台湾人としては数少ない警察幹部の扱いとなった。

李が繰り返し話す父親の思い出がある。李が現在の新北市淡水の公学校で4年生だったときのことだ。

台北市内を見学するバス旅行の前の夜、李は恐る恐る「父ちゃん、台北で小学館の『児童百科事典』と数学の本を買いたい」と話した。「本は当時のお金で四円。父ちゃんの月給の一割五分ほどで、『すぐには用意できない』と悲しい顔をした」。翌朝、李がバスに乗り込んだところ、ガラス窓をコンコンとたたく音が聞こえた。父ちゃんだった。

父親は親類に頭を下げて四円を工面し、バスが発車する直前にかけつけ、届けてくれたという。

「その時のうれしさは、いまでもはっきり思い出すことができる」と話した。李はその『児童百科事典』を隅から隅まで読んで、ほとんど暗記してしまった。

ただ、子煩悩で教育熱心だった李の父親をめぐっては「李登輝の本当の父親ではないと地元で噂《うわさ》されることがあった」と総統府資政（上級顧問）だった史明《しめい》（本名・施朝暉《しちょうき》、1918

～2019年）は明かす。

史は李家と同郷だ。中学から高校にかけて180センチを優に超えた長身の李登輝が、160センチ前後の李金龍の息子とは考えられない、というのだ。

さらに総統時代や退任後には、李の発言が「日本寄り」だとして「本当の父親は長身の日本人だったに違いない」などと揶揄《やゆ》されたこともある。李はいずれも「たわごとだ」と強く否定し「母の江錦《こうきん》は背がずいぶん高かった」と反論する。母親は46年に40代の若さで亡くなっている。

保正（村長）の娘で比較的、裕福だった母親は、嫁いでからも雑貨屋や肉屋を営んで、李家は恵まれた経済環境にあった。「母は僕を溺愛《できあい》していて、売り物の豚肉の中でも一番いい部位を切って、僕に食べさせてくれた」と李は話した。

しかし自我に目覚めていた李は「母の愛に甘えてばかりでは、自分はだめになる」と考え、自ら自宅を出て、寄宿舎のある中学と高等学校に進む。

李には母親とこんな思い出もある。当時、台北市内にできたばかりの日本式高級デパート、菊元《きくもと》百貨店に「台北高等学校の制服を着て母を連れて行って買い物をしたこと」だ。「片田舎の出身の母だったが、（制服で台湾の最難関高校の学生とわかる）自分がいっしょにいることで、周りの日本人や台湾人にも誇らしい気持ちだったろう」という。

これも「親孝行」といえるのだろう。日本統治下にあって、台湾出身者は支配層の日本人に、どこか引け目を感じざるを得なかった時代だ。自分を愛した母親にこそ「誇らしい息子だ」と思ってもらいたかった若き李の気持ちが、静かに伝わってくる。

「一番苦労したのはフミ」

「高すぎるわ」。2016年7月末から8月にかけて、家族と沖縄県石垣市を訪れ、地元の真珠店でアクセサリーを選んでいた李登輝夫人の曽文恵《そうぶんけい》(1926年生まれ)は、こう言って李の言葉をさえぎった。

李が数十万円のネックレスを選び、「これ私が買ってあげますよ」と語りかけたときだ。2人の会話はすべて日本語だ。結局、夫人は3万円ほどの小さなブローチ1個を、外国人向けの免税扱いで買った。「フミは昔から倹約家だから」と李は笑った。李は夫人の名の一文字を日本語読みして「フミ」と呼ぶことが多い。夫人は日本統治時代は「文子」とも名乗っていたという。

家族どうしが親しかった同郷の2人が結婚したのは1949年2月のこと。台湾では結婚して姓を変える必要はなく、夫人は実家の曽姓のままだ。

夫人は台北の第三高等女学校を経て2年制の女子高等学院を卒業し、44年に台湾銀行に入った。戦後、日本から戻った李は「台湾大学に在学中、彼女と恋に落ちたんだ」という。夫人は「結婚前に母が李登輝をみて、『この人は学者だけではおさまらない』と話していたのよ。私はごく普通に学者の妻になるつもりだったのに」と振り返った。

李が政治家に転身して総統にまで出世するとは、李本人を含め、周辺でも誰ひとり予想しなかった。夫人の母親は、李から何を感じ取っていたのだろうか。

政治家の妻になって最も苦しめられたのは、2000年に李が総統を退任した後だ。台湾にあって中国寄りの政党である「新党」の議員が「李夫人が海外逃亡し、大量にドル札の詰まった荷物が米国税関で摘発された」と、根拠なき中傷を繰り返した。

そのころ海外に出かけておらず、大量のドル札も持ち合わせのない夫人は議員を名誉毀損で訴えた。法廷闘争の末、02年12月に控訴審の台湾高裁で、やっと勝訴した。

夫人は1960年に、李は夫人の影響で翌61年に洗礼を受けた敬虔《けいけん》なキリスト教徒だ。判断に迷ったときは2人で聖書を開いて解決策を探す。李が「一番苦労したのはこの人だ」と内助の功を称えるのも、不慣れだった政治の世界で、夫人と困難を乗り越えてきたことへの感謝からだろう。

他方で李は「奥さんが出しゃばってくる人は信頼しなかった」とも明かす。

李より数年早く生まれて内地の帝国大学に進み、戦前に台湾総督府で抜擢《ばってき》された優秀な台湾人の男性がいた。戦後、台湾当局でも官僚として力を発揮した。

その人物の夫人が「主人を閣僚にしてほしい」と総統時代に何度も懇願してきたが、李は最後まで取り合わなかった。李は「奥さん（の言動）をみれば本人の真の力がわかる」と考えた。退官して台湾の民間企業に移ったその男性に限らず、李は政界官界で配偶者観察を欠かさなかった。

ただ李は実のところ、内助の功のみならず、女性のパワーを強く信じていた。

訪問先の石垣島（沖縄県）で真珠のアクセサリーを買い求めた曽文恵（右）と李登輝（左）＝2016年8月1日

総統時代に財務相として女性の郭婉《かくえん》容《よう》（１９３０年生まれ）を重用した。台湾で初めて閣僚になった女性だ。89年には北京での国際会議に郭を送り込み、堂々と交渉させたことがある。２０１６年に台湾初の女性総統に就任し、20年に再選された蔡英文《さいえいぶん》（１９５６年生まれ）も元は国際政治学者だった。政策ブレーンとして李が１９９０年代に着目して登用し、ここまで育ててきた。

客家《ハッカ》の政治手法は「不屈で頑固」

1994年11月出版の司馬遼太郎著『街道をゆく　四十　台湾紀行』にこんな場面がある。台湾東部を取材中だった司馬の一行が、当時は現役の総統だった李登輝と花蓮《かれん》のホテルで再会した際、李は開口早々に「司馬さん、僕は客家《ハッカ》なんだ」と話しかけてきた。

客家とは漢民族の一部ながら、独特な風習や文化をもつ人々だ。古代中国で黄河流域から、戦乱に追われ福建省や広東省の山中に逃れ、一部が数百年前に台湾にも渡ってきた。世界に4～5千万人いるという。

司馬の解釈では「客家とは本来〝よそ者〟という意味」だ。故郷を追われ未墾地を開いたそうだ。李は親しくなっていた同い年の司馬が、自らの家系の「客家に関心をもったと人づてに聞いて、うれしくなって話しかけた」と明かした。

司馬は、中国で辛亥《しんがい》革命を成功させた孫文《そんぶん》（1866～1925年）や改革開放政策を進めた鄧小平《とうしょうへい》（1904～97年）、シンガポール元首相のリー・クアンユー（1923～2015年）らを、客家として挙げている。

シンガポールは東京23区ほどの面積の島国で、中華系住民が人口の80％を超える華人国家

総統府を訪ねた作家の司馬遼太郎（右）に記念品を渡す李登輝＝1993年1月5日（李登輝基金会提供）

だ。1965年8月にマレーシアから独立したが、周囲のイスラム国家などとも折り合いをつけて経済発展させてきたリーの手腕を、司馬は「最も客家らしい政治家」と評した。

どこまで客家的なるものに普遍性があるのか、定まった評価があるとは考えにくい。ただ、台湾の対日窓口機関、亜東関係協会（現・台湾日本関係協会）の元会長で、李の側近としても知られる彭栄次《ほうえいじ》（1934年生まれ）は「客家の特徴は不屈の精神で頑固一徹なこと」と言い切った。

彭も台湾西部の苗栗《びょうりつ》生まれの客家だった。

客家として知られる人物は、中国でも台湾でもどこか異彩を放っている。孫文夫人の宋慶齢《そうけいれい》（1893〜1981年）や、その妹で蔣介石の夫人、宋美齢《びれい》（1898年生まれなど諸説あり、2003年死去）、中国人民解放軍の創設

李登輝の側近中の側近、元亜東関係協会会長で台湾輸送機械董事長の彭栄次

者の一人、葉剣英《ようけんえい》（1897〜1986年）もそう。確かに不屈で頑固な印象だ。現職総統の蔡英文も客家という。

李の指示で中国側と極秘裏に接触し、葉の次男とも親しかった「密使」の曽永賢《そうえいけん》（1924〜2019年）は、李の政治姿勢をこう評した。

「学者だった李登輝さんが（与党の国民党で）党歴も浅い中で（1988年に）総統になったときは四面楚歌《しめんそか》だった。妨害工作を多く受けたが、政治的に非の打ち所のない、すばらしいやり方で処理した」

曽はさらに「李さんも僕も客家なんだ」と笑顔をみせた。曽は李の政治手法に、客家的なるものを感じたようだった。

客家の血を引く一方、戦前戦中には日本の高等教育を受けた李の思考方法や政治手腕を、司馬は「純粋化（ピューリファイ）された客家かもしれない」と評した。権力を私物化するといった「在来の漢民族社会にはない感覚」だった。

「客家なんだ」と話しかけた李の口調を、司馬は「例の旧制高校生のことばで」と形容している。その「客家」と「旧制高校生」のアンバランスな取り合わせにこそ、司馬は強い関心を抱いたようだった。

（※1）**日本の台湾統治**（60頁）

日清戦争で勝利した日本が1895年に清朝から日清講和条約（下関条約）で台湾の割譲を受け、領土の一部として統治した。大東亜戦争での日本の敗戦で、台湾は1945年、蒋介石率いる中国国民党の「中華民国」に接収された。50年間の日本統治時代は農業や工業の振興、教育の普及、交通網の整備など、清朝時代までなかった施政が進み、近代化の基礎ができた。一方、統治に対し、抗日運動も起きた。

（※2）**アウフヘーベン**（76頁）

理想と現実など、相対する矛盾した複数の要素を、対立と闘争の過程を通じて、新たな方法で発展的に統一する概念。止揚と訳される。もとはドイツの哲学者、ヘーゲルが弁証法の中で提唱した。李登輝を密かに心の師と仰ぐ首相の安倍晋三や東京都知事の小池百合子らも、この考え方を積極的に応用している。

第3章

大東亜戦争と台湾

戦死した兄と靖国で「再会」

1941（昭和16）年12月、日本が米英に宣戦布告した。日本の統治下にあった台湾も大東亜戦争に深く組み込まれていく。1923（大正12）年に台湾で生まれた李登輝《りとうき》も京都帝国大学（現・京都大学）在学中の43年12月、旧日本陸軍に入隊した。高射砲学校にいた45年3月、東京大空襲の被災地で救援活動を指揮した経験をもつ。李はその年の8月、少尉の階級で終戦を迎えたが、2歳年上の実兄はフィリピンのマニラで戦死していた。

2007（平成19）年6月7日のことだ。「今まで兄を慰霊していただき、ありがとうございました」。3歳年下の夫人、曽文恵《そうぶんけい》を伴って東京・九段の靖国神社で本殿に参拝した李登輝は目を潤ませながら、宮司の南部利昭（1935～2009年）にこう話し、感謝の意を伝えた。

靖国神社の遊就館《ゆうしゅうかん》部長、鈴木貴彦（1959年生まれ）は、同席していた07年の参拝当日の様子を、こう振り返った。

李が「仲が良かった」と話す2歳年上の実兄、李登欽《りとうきん》（日本名・岩里武則《いわさとたけのり》）は1943年9月、難関だった台湾で最初の海軍特別志願兵の試験に合格した。

海軍陸戦隊員として送り込まれたマニラで45年2月、米軍の攻撃を受けて退却する際、「兄はしんがりを務めて戦死した」と李は信じている。

だが、李の父、金龍《きんりゅう》は95年4月に亡くなるまで「登欽は南洋で生きている。必ず帰ってくる」と言い続け、位牌《いはい》も墓も作らせなかった。台湾の家には、登欽の遺骨も遺髪も遺品もない。そのため「兄は靖国神社にのみ祀《まつ》られ、戦死から62年経って初めて再会できた」と、長年の願いを果たした李は明かした。

2000年に総統を退任した後、3回目だった李の訪日で東京での滞在が許されたのは初めてだった。

日本李登輝友の会の事務局長、柚原正敬《ゆはらまさたか》（1955年生まれ）によると、事前の日程表にはなかった李の靖国参拝が、ギリギリの交渉を経て日本政府の側から最終的なゴーサインを得たのは、前日の6月6日午後だった。同日夜に対外公表し、翌7日午前10時すぎに本殿へ参拝した。

李登輝（右）が高雄で1944年、2歳年上の実兄、李登欽と最後に会ったときの記念写真（李登輝基金会提供）

靖国神社の本殿に参拝する李登輝（中央）＝2007年6月7日（靖国神社提供）

李が靖国参拝にこぎつけるまでには、李と昵懇《じっこん》の実業家、蔡焜燦《さいこんさん》（１９２７～２０１７年）が、その前の年に結びつけた〝縁〟があった。蔡は戦争末期、志願して旧日本陸軍の少年飛行兵になった経験がある。

遊就館部長の鈴木は「２００６年２月、南部宮司と台北を訪れ、李登輝ご夫妻にお目にかかった」と話した。

李と李の支持者が集まった台北市内での春節（旧正月）新年会に、蔡が南部と鈴木の２人を、台湾に招いていた。靖国神社宮司が戦後、台湾を訪れたのは、このときが初めてだった。

蔡は生前「日本国籍だった台湾人が戦時中、20万人以上も軍人や軍属として戦って、３万人以上が生きて帰れなかったことを、知人を通じて南部宮司にお話しし、台湾に来ていただく貴重な機会を得た」と話していた。「立派に戦って靖国で会おう、という気持ちは当時、戦地に赴いた台湾人も日本人もなにも変わりない」と蔡はいった。

「日本人以上に日本人だ」

2006年2月、台北に着いた靖国神社の南部利昭と鈴木貴彦が、台湾人の実業家、蔡焜燦に案内されたのは、李登輝の支持者による春節（旧正月）新年会が設けられたホテル、国賓大飯店だった。南部と鈴木は控室で李登輝夫妻に会った。このときが初対面だった。

鈴木は「ご挨拶したときに南部宮司から『ご来日の際には、靖国神社に参拝していただければ幸いです』と申しあげた」と話す。

李からは参拝の話は出なかったと記憶している。

挨拶は数分で終わり、宴席に移った。短い対面だったが「南部宮司は『今の日本人が忘れてしまったものを李登輝先生に見た。日本人以上に日本人だ』と話した」と鈴木は振り返った。

蔡は当時「自ら日本軍人として戦い、兄を戦場で亡くした（李の靖国神社に対する）思いは、何も言わずとも南部宮司が感じ取られると信じていた」と話した。李と南部を自然な形で引き合わせることに蔡は全力を尽くした。靖国参拝へ心の準備は、李と南部の間で、初対面のときから以心伝心で始まったといっていい。

台北での宴席に靖国神社から南部と鈴木が出席していたことは、李ら関係者数人しか知らず、他の参加者には気づかれなかった。

07年6月7日、靖国の本殿に参拝を終えた李は控室に戻り、南部から思わぬ書類を受け取った。「昭和20年2月15日、台湾、岩里武則（李登欽）、海軍上等機関兵、マニラで戦死」と記された「祭神之記《さいじんのき》」だ。

同席した鈴木は「じっと黙ってごらんになり、祭神之記を胸に抱き寄せるようにした」と振り返る。

帰り際に渡されたお供え物の「落雁《らくがん》」も大切に台湾に持ち帰った李は「亡くなった父の祭壇に靖国の落雁を供えた」と話した。

綱渡りの参拝は「一生忘れられない」

台湾総統を2000年まで務めた李登輝が07年6月7日、東京・九段の靖国神社に参拝したことに中国は強く反発した。

中国外務省の報道官だった姜瑜《きょうゆ》は同日、「日本が李の訪日を許したことに改めて強い不満を表明する」と日本政府を批判し、「日本での行動を見れば何を期待しているか分かる」と李も牽制《けんせい》した。中国は李を「台湾独立分子だ」と警戒している。

さらに、中国国営新華社通信は同日配信の記事で「日本軍国主義思想に染まった民族のくず。靖国参拝で台湾独立勢力の醜悪な姿をさらけ出した」とまで非難して、李を個人攻撃した。

これに対し李は6月9日、東京・有楽町の日本外国特派員協会での会見で「国のために亡くなった若い人を祀るのは当たり前だ。外国政府に批判される理由はない」と語気を強めた。

実兄が祀られている個人的な事情はあるが、李はその問題とは別、と断った上で、取材に対し「靖国をめぐる批判は中国大陸やコリア（韓国と北朝鮮）が自国内の問題を処理できないがゆえに（対日批判で）作り上げたおとぎ話なんだ」と自説を強調した。台湾を含む他のアジア地域と中韓は靖国への認識で大きな隔たりがある。

李は「総統時代に毎年2回、参拝した台北の忠烈祠《ちゆうれつし》だが、そもそも台湾とはあまり関わりがない」という。戦後、台湾支配する以前の国民党軍が、1937年から中国大陸で日本と戦った時期の戦没者らも含めて祀っているのが忠烈祠であり「そうした戦没者と台湾は関係ないが、私は人道主義的な思いで参拝を続けてきた」と話す。

戦没者を弔う場所はどの国でも立場によって異論が出る恐れがある。「政治問題化すべきではない。日本政府は（靖国批判で）あまりに弱い」と李はいう。

一方、李の参拝をめぐって日中外交筋は「綱渡りだったが、あのとき実は日本側に（参拝実現で）勝算があった」と明かした。

6月8日に首相の安倍晋三（1954年生まれ）と国家主席、胡錦濤《こきんとう》（1942年生まれ）の日中首脳会談がドイツで行われる微妙なタイミングだった。「日本政府に迷惑をかけたくない」と考えた李が、靖国参拝の内諾を求めていた。これを受けて政府と警察当局は6月6日、李への最終的なゴーサインを出した。

同筋は当時、安倍政権が中国の批判に屈して李に参拝を断念させていれば、参拝への希望をにじませていた李に同情する日本の世論が、中国と安倍政権への批判に向かうと分析した。その一方、「胡政権は当時、対中重視姿勢を見せた安倍政権との関係改善に期待しており、日本の世論が首脳会談にマイナスに働くことを警戒し、（李の）靖国参拝を事実上、黙認したようだ」と同筋はみる。

このときばかりは、中国の思惑を読んだ日本側が強気に出て、李の靖国参拝を認めた。結局、胡は安倍との会談で、台湾問題は適切に処理することが日中関係の維持で政治的基礎になるなどと述べるにとどめ、批判の矛を収めていった。

6月9日午後、成田空港で帰台前の李に対し、中国籍の男がペットボトルを投げつける騒ぎが起きた。それでも李は「（総統の退任後）3回の訪日で今回が最高だった。一生忘れられない」と笑顔をみせた。

台湾青年を救った「カール先生」

李登輝が難関を突破して1941年に進学した旧制台北高等学校に、ジョージ・H・カー（1911〜92年）という英語の教師がいた。日本語が堪能な米国人で、37年8月から41年3月まで在任したといい、学生には「カール先生」と呼ばれて、人気があった。

李の4年後輩で、中等学校にあたる尋常科から台北高校に入り、終戦まで在学した昭和女子大学名誉教授の川平朝清《かびらちょうせい》（1927年生まれ）は、カーは米国のスパイではないかと噂されていた、と明かした。

「戦時中、米軍機が飛んできても、台湾の爆撃作戦はカール先生が指揮しているから台北高校に爆弾は落とされない、と学内では信じられており、実際に終戦までそうなった」という。

ただ、川平や台北高校OBの話を総合すると、細身のカーは純朴な学者肌で、米国の公務員でも職業軍人でもなかった。台北高校の教員時代に意図的な防諜活動をした形跡はなく、米軍に対して台湾の情報を提供するようになったのは、台北を離れた41年以降のようだ。

カーは、開戦直前まで台湾にいたほぼ唯一の米国人で、帰国後、台湾専門家としてスカウトされ、43年に海軍少尉になった。終戦後に台湾をどう扱うべきか。米国政府や米軍は、カーの見聞きした情報を利用したとみられる。戦時中、マニラから出撃する米軍機に、台湾での空爆目標を指示していたことをカーは戦後だいぶたって、台湾出身者に明かしたことがある。

川平がカーに再会したのは、川平が両親の出身地、沖縄に引き揚げる前の46年だった。「台北市内でジープに乗った軍服姿のカール先生が、私の台北高校の帽子をみて声をかけてくれた」という。カーはかつて、英語を教えた川平をジープに乗せ、台北高校でドイツ語の教師だった日本人の石本岩根《いしもといわね》（1903～77年）を一緒に訪ねた。

カーは当時、中国の南京にあった米大使館の駐在武官を経て、米国の台北領事館に副領事の肩書で赴任してきたという。「カール先生は引き揚げ直前だった石本先生と日本語で親しそうに話し、台北高校や台北帝国大学などで学んだ優秀な台湾人学生の消息を互いに確かめ合った」。将来の台湾を支える地元の青年をリストアップしていたようだ。川平は当時の場面を鮮明に覚えている。

カーの作成したリストを米国側が後に利用したか、あるいはカーには当初から、リスト作成の任務が与えられていた、と考えるのが自然だろう。

匿名を条件に取材に応じた高齢の台湾人の男性は「戦後10年ほど米憲兵隊の通訳官として、台湾で李登輝を含む何人もの青年を守る任務についた」と証言した。どの青年を保護すべきか、憲兵隊には「リストがあった」という。男性は日本語と台湾語、さらに北京語と英語も流暢《りゅうちょう》に話せた。

台北市内で行われた米国人の英語教師、ジョージ・H・カー（右から５人目の学帽をかぶっている人物）の送別会＝1941年3月（同時代社提供）

日本統治時代に高い教育を受けた台湾人を狙い撃ちして投獄、処刑した国民党政権による「2・28事件」（※1）や「白色テロ」の時代に「（国民党の特務機関などとの）さまざまな交渉を（李登輝ら）本人には知られないように行った」という。「米国は国民党の独裁支配に不満をもち、優秀な台湾青年を守って温存することが（米国の）国益にかなうと考えていた」とも話した。

李らを具体的にどう守ったかは「今も話せない」と口をつぐむ。ただ「国民党政権側との水面下の交渉も（通訳官として）手伝った。米憲兵隊が動かなければ（高い教育を受けた）李登輝は投獄されていたかもしれない」と言った。

男性が話したリストがカーのものなのか、確証は得られなかったが、川平の記憶と符合する点は多い。

他方、国民党政権で1970年代から李登輝を重用した権力者の蔣経国《しょうけいこく》（１９１０〜88年）だが、米憲兵隊の動きを知った段階で、李らを生かすことが対米関係を有利に運ぶ方策になる、と考えていたとしてもおかしくない。李の65年からの米コーネル大学留学を国民党政権が認めたのも、そうした水面下のシナリオに沿った可能性がある。ただ、李本人には何も知らされなかった。

カーは戦後しばらくして、日本による台湾統治時代を調べた『民政事務手帳』や国民党政権による政治弾圧の実態を描いた『裏切られた台湾』を出版している。当時の日本と台湾、さらに沖縄にも深い思い入れのあった米国人だった。

川平は『裏切られた台湾』の日本語版（同時代社）で、カーを「良心の人」と呼び、「李登輝元総統（台北高校卒業生）がようやく実現した民主台湾の礎となった人々、『２・28事件』とその後の弾圧によって犠牲になった人々への〈鎮魂の書〉でもある」と書いている。

「守ってあげられなかった」

カーが優秀な台湾青年を戦後、国民党の弾圧から守ろうとしていたことの傍証になるのが、台北高校時代の教え子で戦後、日本に亡命し、明治大学教授などを務めた王育徳《おういくとく》（１９２４〜85年）にあてたメッセージだ。

王には5歳年上の実兄、王育霖《いくりん》（1919〜47年）がおり、同じく台北高校でカーに学んだ。育霖は東京帝国大学に進んで法学を学び、司法試験に合格。44年に京都で検察官に任官している。戦後、台湾に戻って検察官となったが、2・28事件で国民党側に目をつけられ、47年3月、いわれなき罪で連行され、銃殺された。

カーがハワイのホノルルに暮らしていた1974年、台湾の日本統治時代の歴史をまとめた論文集を出版し、これを共通の知人に託して東京にいた王育徳に贈った際、こんなメッセージを書き添えた。この事実は、王の次女、王明理《めいり》（1954年生まれ）が初めて、明かしてくれた。

親愛なる王育徳博士、あなたのお兄さん（育霖を指す）が懐かしい。私の学生だ。彼の夫人や子供たち（も思い出す）。私は1947年3月に（育霖を）守ってあげることができなかった。その瞬間（育霖の銃殺のシーンを想像すると）今も涙が溢《あふ》れでる。ジョージ・カー

日本統治時代に高い教育を受け、京都で検察官にまで任官した育霖のような高度な人材は、戦後、台湾を独裁支配し始めていた国民党政権にとっては、目障りな存在と映った。その意味では、台北高校から京都帝国大学に進んだ李登輝も、国民党政権にとって当初は、まったく同じカテゴリーにあった。

カーは47年の当時、台北領事館を拠点に台湾青年の保護に乗り出そうとしていた矢先、育霖のような優秀な教え子を失ってしまったことに、深い悲しみと、強い憤《いきどお》りを感じたのだろう。王明理によると、カーにとって、台北高校にあって教師と学生という関係を超えた、最も親しい存在が育霖だったという。

国民党政権への厳しい見方を本国に打電していたカーは、しだいに国民党から不評を買って、台北を離れざるを得なくなった。47年3月14日、カーの帰国日にカーを見送るために出かけた育霖だったが、財布を忘れたことに気づいて自宅に戻ったところで、国民党の便衣兵に身柄を拘束され、連行されてしまった。

「守ってあげられなかった」との痛恨のメッセージを弟の育徳に送ったことは、貴重な歴史の証言といえる。カーは幾度となく、育霖に「海外に逃げろ」と忠告していたという。

「日本陸軍歩兵にしてください」

「強い意志で『日本陸軍歩兵にしてください』と志願した」。京都帝国大学（現・京都大学）在学中だった1943年12月。大東亜戦争が激化する中、李登輝は旧日本陸軍に入ったと話した。

李は「歩兵として最前線をさまよい、少年のころから悩んできた死生観に決着をつけるつもりだった」と話した。現在の感覚では想像できないが、死を強く意識した行動だったろう。日本統治時代の台湾で日本人として教育を受けながらも、他方で「本島人」と呼ばれてきた台湾出身者にとって、日本軍人になることの意味は重たかった。

同年9月に李の2歳年上の兄で、警察官だった李登欽が海軍特別志願兵に合格した。42年に陸軍が始めた志願制度で、海軍は43年が最初だった。いずれも台湾で応募者が殺到し、採用枠の数百倍に達していた。

当時発行の「台湾日日新聞」に登欽は「無敵帝国海軍の一員として名誉ある軍艦旗の下、米英撃滅に働くことができる感激」を語ったと書かれている。志願兵として戦い、立派な日本人と認められたい、との思いもにじみ出るようだ。

李登輝が入隊したというのは兄の志願兵合格から3カ月後のこと。一方、台湾総統府の直属機関、國史館が2008年に発行した『李登輝總統訪談錄』では1944年2月に「学徒出陣」と記されている。

兄の志願兵合格の直後でもあり、志願への思いは李登輝本人も強かった。旧日本軍で京都帝大学の学生を対象とした「学徒出陣」の過程で、台湾出身の李は、あくまで「歩兵」を強く志願したと考えられる。

結局、李は台湾南部の高雄での訓練を経て、高射砲部隊に配属されて下士官になる。「戦地に赴くという兄と高雄で再会して、記念写真を撮影したのが今生の別れだ」と李はいう。どこの戦地に向かうのか、兄は一言も漏らさなかった。それは軍の機密だった。

内地よりも早く、米軍機が頻繁に来襲していた台湾で、李には高射砲の実戦経験があった。その後、千葉陸軍高射学校に配属された直後、45（昭和20）年3月に10万人以上が米軍爆撃で殺戮《さつりく》された東京大空襲に遭遇する。

千葉の上空を通って東京方面に向かう米軍機に向けて李は高射砲を撃った。爆撃で金属片が顔をかすめたが、無事だった。

李は「爆撃で戦死した小隊長の代わりに大空襲の翌日、被災地で救援を指揮した」という。「そこで学んだのは『戦場整理』の重要性だ」と李は強調した。

遺体を確認して運び、負傷者を助け、焼け野原となった被災地でがれきを整理する。「軍にしかできない仕事だ。この経験が、99年9月21日に台湾中部で起きた大地震の被災地で生かされた」と李は振り返る。

死傷者が1万人を超えた大地震だが、李は現役総統として発生当日に現場入りし、陣頭指揮した。「日本軍人として受けた訓練や経験は、地震の被災地だけではなく、中国の脅威から台湾を守る総統の立場としての決断や行動でも、基本になった」と李は話す。

1945年2月にフィリピンで戦死した兄の登欽は日本名を岩里武則という。陸軍少尉として名古屋の部隊で終戦を迎えた弟の登輝は岩里政男《まさお》といった。「兄の名には『武』、私に『政』

の字を父親が入れた。名が2人の運命を分けたのか」と李は空を見上げて話した。

生きて台湾に戻った李登輝は戦後、いばらの道を歩む政治家になった。先の大戦は、日本統治時代に生まれた台湾人にとっても決して忘れられない、重大な出来事になった。

高砂義勇兵の「英霊は故郷に眠る」

「この慰霊碑には、悲しい歴史を（未来への）成長に切り替える力がある」

2006年2月8日のこと。台北郊外の烏来《ウライ》郷で行われた「高砂義勇兵《たかさごぎゆうへい》」（※2）戦没者を祀った慰霊碑の移設を記念した式典で、元総統の李登輝はこう語った。

慰霊碑の「霊安故郷（英霊は故郷に眠る）」との碑文は李が揮毫《きごう》した。「原住民に敬意を抱いている」からだ。李は総統時代の1994年、先住民の正式呼称を憲法の規定で「原住民」と定めている。

大東亜戦争で南進した旧日本軍の部隊が頼りにしたのが高砂義勇兵だった。

南方のジャングルに不慣れな内地の日本の将兵に対し、山間地が生活圏の台湾先住民は、高温多湿の野山を素足で駆けめぐる強靱さがあった。夜目が利き、遠くの音を聞き分ける能力も高い。

多くは軍属で戦闘要員ではなかったはずだが、ジャングルで米兵と対峙《たいじ》する場面などは、高砂義勇兵がむしろ切り込み隊を買って出て、戦死者も多く出た。

台湾で先住民は現在、人口の2・5％に満たない55万人ほどしかいない。

だが李は「そもそも台湾の主は何万年も前から暮らす原住民であり、数百年前から数十年前に、中国大陸から渡ってきた漢民族ではない」と考えている。

李は50年代、南投《なんとう》県霧社《むしゃ》にあった台湾大学の付属農場で農場長を兼務していた時期がある。李は「農場近くの原住民と深いつながりができ、高砂義勇兵だった男や家族の純朴で高潔な生き方に、心を打たれた」と話した。

李とも親しかった実業家の蔡焜燦は、こんな話をしてくれたことがある。

南方の戦線で高砂義勇兵が所属部隊の兵士たちへの食糧調達を命じられてジャングルに向かったが、何日も戻らず、戦死したのではないかと考えられていた。しかし後日、ジャングルでその高砂義勇兵の遺体が発見されたとき、鶏肉や米など、調達したはずの多くの食糧を背負っていながら「餓死」していたという。

戦友に食べさせるための食糧には一切、手を付けることなく、道に迷ってさまよううちに餓死したのだろうか。いまの感覚では想像もつかない精神状態だが「台湾の先住民、なかんずく高砂義勇兵たちの精神の純朴さ、責任感とはこういうことなんだ。日本精神だ」と蔡は目を潤ませながら話した。こうしたとき、蔡は少し照れ臭そうに「ああ、また目から目薬が出た」などと、おどけてみせたものだ。

１９７４年12月にはインドネシアの孤島、モロタイ島のジャングルで、終戦を知らないまま生き延びていた元高砂義勇兵のスニヨン（日本名・中村輝夫）が55歳のときに発見された。72年1月にグアム島でみつかった横井庄一や、フィリピンで74年3月に見つかった小野田寛《ひろ》郎《お》よりも後のことだ。

「高砂義勇兵英霊慰霊碑」の落成記念式典に出席した李登輝（右から2人目）ら＝2006年2月8日

スニヨンは生まれ故郷の台東に戻って4年後、79年6月に59歳で病死した。李は総統時代の95年3月にスニヨンの長男、李弘（１９４３年生まれ）を招き、スニヨンの功績を称えてねぎらった。自身も日本軍人だった李は高砂義勇兵と直接の接触はなかったようだが、戦争に翻弄《ほんろう》された台湾の人々と悲哀を共有していた。

烏来郷の慰霊碑はもともと戦後47年が経過した92年11月、先住民族のひとつであるタイヤル族の頭目で女性のリムイ・アベオ（日本名・秋野愛子）が、私費を投じて建立したものだ。リムイ・アベオは美しい日本語で「私はいまでも、私は日本人、と思っております。心のなかで」と話してくれたことがある。むろん国籍の話ではない。心のありようとして、一人の人間の姿として、秋野愛子は言っている。

国民党政権が49年5月に敷いた戒厳令が87年7月に解除されるまで、台湾では大東亜戦争関連の慰霊碑など作れなかった。日中戦争において国民党の敵は日本軍だった。

この慰霊碑はしかし、２００３年６月に地権者から撤去を迫られ、リムイ・アベオらは窮地に陥った。この年、中国広東省を感染源とする重症急性呼吸器症候群（ＳＡＲＳ）が台湾でも流行し、台湾への観光客が激減。烏来郷を訪れる日本人もぱったり途絶えて、地権者が経営していた地元の観光会社が倒産したことが背景にある。

この問題を筆者が03年7月4日付の産経新聞朝刊で報じたところ、記事をみた読者数千人から実に、総額3千万円を上回る義援金が続々と寄せられたのは驚きだった。これが実り、3年の準備期間を経て慰霊碑は無事、移設された。

この慰霊碑には、本間雅晴中将による鎮魂の遺詠が刻まれている。

かくありて　許さるべきや　密林の　かなたに消えし　戦友《とも》をおもえば

李登輝はその移設記念式典で、慰霊碑を背に「日本の人々の善意が台湾に届き、台湾の英霊を追悼して遺族を慰めた」と話した。ただ、この慰霊碑は残念なことに２０１５年８月の土砂崩れで倒壊し、なおも修復を待っている。

二つの祖国を生き抜いた者

日本陸軍少尉として名古屋で１９４５年8月の戦後を迎えた李登輝は、翌46年1月、神奈川県横須賀市の浦賀を出港した米山丸に乗船し、台湾に向かった。

これは、大東亜戦争末期に神奈川県の「高座《こうざ》海軍工廠《こうしょう》」など戦闘機の工場で働いた10代の若い台湾出身者「台湾少年工」（※３）の自治会組織が交渉の末、台湾に戻るために運航させた船だった。

台湾で選抜され、海を渡ってきた少年工は約８４００人。戒厳令が解除された翌年、88年に台湾で作られた同窓会組織の「台湾高座会」総会長、李雪峰《りせっぽう》（１９２６年生まれ）は「終戦直後は失意と緊張の連続だった」と話す。10代前半の少年も多く、43年に18歳で少年工として内地に来た李雪峰はリーダー格だった。

李雪峰が「失意」と話すのは、終戦で台湾出身者は日本国籍ではなくなり、台湾に帰らねばならない、と聞かされたこと。台湾で日本人として育てられ、日本のために働いた少年工たちには青天の霹靂《へきれき》だった。

さらに約8400人の少年を台湾まで、いかに帰すか。混乱と緊張が続く中で李雪峰は一計を案じた。少年工を集めて「台湾省民自治会」を結成し、台湾に戻る船の交渉を日本の外務省や進駐してきた米軍と進めたのだ。

台湾各地の出身地別に「部隊」を編成し、45年12月から数千人ごと4便の船に分け、無事に台湾まで送り届けた。終戦直後の混乱の中で、この帰還劇は驚くべきことだった。

李雪峰らは第3便の米山丸に乗船して台湾に戻ったが、88年に総統に就任した李登輝も当時、この同じ船に乗り合わせていたと93年になって知ったという。

作家の司馬遼太郎が当時「週刊朝日」の連載（94年に『街道をゆく　四十　台湾紀行』として書籍化）の中で、李登輝が台湾に戻った米山丸の出来事を描写していた。

だが、連載を読んでいた李雪峰は「司馬先生にだれかが間違った話を吹き込んだ」と憤ったという。

連載では、感染症発生の疑いで台湾北部の基隆港を前に下船禁止となり、食糧が乏しくなって台湾少年工が暴動を起こした、と書かれていた。一方、李登輝は正座して読書していたという。

だが李雪峰は「実際は台湾人夫婦が赤ん坊のおむつを洗面所で洗ったため、（船内で台湾少年工自治会の）衛生担当者が注意すると『子供のくせに』と反発されて騒ぎが広がった。台湾少年工は悪くない。規律を守った」と話した。

李雪峰らが、司馬の連載にも登場した蔡焜燦に相談したところ、しばらくして李登輝に話が伝わった。生前の司馬にも説明されたかどうか確認できなかったというが、李登輝は取材に「その後、台湾少年工の名誉のため、真相は異なる、とあちこちで話した」と明かした。このとき李登輝に台湾少年工の苦難を話すことができたという李雪峰は「けがの功名だな」と笑った。

戦時中、台湾少年工が暮らしていた寄宿舎の舎監、石川昭雄を父にもつ神奈川県の元大和市議会議長、石川公弘《きみひろ》（1934年生まれ）が2013年に出版した『二つの祖国を生きた台湾少年工』（並木書房）に李登輝はこんな一文を寄せた。

「台湾の少年たちが（空爆の）恐怖に耐えつつも極めて誠実に勇敢に戦い、戦後は戒厳令下という台湾の最も厳しい時代に耐え、民主化に貢献した。二つの祖国の最も困難な時代を立派に生き抜いた者たちだ」

終戦直後に起きた「文明の衝突」

終戦の翌年、1946年に台湾少年工ら約2千人を乗せた米山丸に乗船し、台湾に戻った李登輝は「故郷のあまりの変わりように驚いた」と振り返った。

蔣介石《しょうかいせき》（1887〜1975年）が率いた中国大陸由来の国民党が台湾の行政権を握っていた。その国民党軍の兵士らの行動が、台湾を混乱に陥れていた。

司馬遼太郎が「博覧強記《はくらんきょうき》の『老台北《ラオタイペイ》』」と一目置いた蔡焜燦も「驚いた」という一人だ。蔡は鹿児島から別の船で46年に台湾に戻った。「台湾人もついに祖国に帰ったと希望に夢を膨らませていたが、目に入ってきた国民党の兵隊らは、日本時代には考えもつかない敗残兵のようで、軍紀もなにもなかった」からだ。

李も蔡も台湾出身者は日本統治時代に日本国籍でありながら「本島人」と呼ばれ、場合によっては差別待遇もあった。だが終戦で「中華民国」という戦勝国の国民に連なって光復（失地を回復）したと夢を抱いた矢先に、幻滅が広がった。

蔡はこんな逸話を話してくれた。「中国大陸から渡ってきた国民党の兵士の多くは終戦直後、ボロボロの服で天秤棒《てんびん》をかつぎ、鍋釜や水筒をひっかけてだらしなく台北を歩いていた」

それだけならまだよかった。だが「中国兵が水道の蛇口から水が出るのをみて、金物屋の店先にあった蛇口を奪った。自分たちが暮らすバラックの壁に押し込んだが、『水なんか出てこないじゃないか』と怒って金物屋の台湾人に暴行した」と蔡はいう。

あるいは電気を知らない兵士が、奪った電球をバラックにつけて光らないと怒り出したり、自転車の乗り方も知らない兵士が、自転車を担いで盗んで逃げだしたりした、という話も広まった。

蔡によると、中国大陸の内陸部の農村などで国民党軍につかまり、強制的に兵士にさせられた若い男たちがかなりの数にのぼっていた。

水道も電気も自転車も、見たことも聞いたこともない国民党軍の兵士らが、銃を手にして台湾の支配者になった。日本統治が45年まで50年間続いた台湾では教育や経済建設など、日本の内地並みか、一部ではそれ以上に文明が進んでいた。

李は「当時は『犬が去って豚が来た』といわれたものだ」と話す。

「犬」とは日本人、「豚」とは国民党軍を指した。「犬は台湾を守ることはできたが、豚は食って寝るだけだ」との皮肉だった。「いま思えば当時から台湾人と中国人との間で『文明の衝突』が始まっていた」と李はいう。

自分たちよりもはるかに文明レベルの劣る外来の勢力が、武力で支配層になって弾圧してくることへの恐怖と無念を、この時代の台湾人はいやというほど思い知らされた。規律の乱れた国民党軍兵士は台湾人を銃で脅し、略奪や暴行を続け、日を追うごとに横暴さを増していった。

47年2月27日。台北でタバコを売っていた女性に国民党の取締官らが暴行を加えた。現場を見た周囲の台湾人が抗議したところ発砲され、男性1人が流れ弾にあたって死亡した。台湾人が終戦後ずっと抑えて、堪えてきた怒りに火がつき、その翌日、2月28日から台湾全土に一気に拡大した反発を、国民党軍が武力で弾圧したのが「2・28事件」だった。49年5月には台湾に戒厳令が敷かれ、政治弾圧が87年7月の戒厳令解除まで続く「白色テロ」の時代になった。

大東亜戦争の残滓《ざんし》が戦後も長期にわたって、台湾と台湾人を苦しませ続けたことは、まぎれもない事実だった。しかし、国民党政権が報道を封印し、弾圧の情報は海外にほとんど伝わらず、日本人は長らく2・28事件や白色テロさえ知らなかった。

立派に戦って死ぬ理想に燃えた

日本統治時代の台湾に生まれ、日本陸軍少尉として1945年8月15日に終戦を迎えた李登輝にとって、軍属を含め約20万人の台湾出身者が日本兵として出征し、約3万人が命を落とした歴史は、いまなお忘れ難いことだった。

２０１８（平成30）年6月22日のこと。李は夫人の曽文恵らを伴って、台北から沖縄県の那覇空港に降り立った。

00年5月に総統を退任してから9回目の訪日だったが、車いす姿で到着ゲートに現れたのは初めてだった。このとき95歳。関係者によると、健康上の理由から、医師や家族に訪日を断念するよう強く求められたが、李自身が「沖縄の慰霊祭には行かねばならぬ」と周囲を押し切った。

6月24日、糸満市の平和祈念公園で行われた台湾出身戦没者の慰霊祭に参列した李は、自ら揮毫した「為國作見證（公のために尽くす）」との文字が刻まれた石碑の除幕式に臨んだ。

李によると、１９４５年2月、沖縄戦が始まる少し前に台湾の港から計９００トンの台湾米が沖縄に船で運ばれて、沖縄県民に配給された。台湾と沖縄は距離的に近く、食糧事情を少しでも助けるためだった。ただ、沖縄には台湾から移住した人々が多く、犠牲者も少なくなかったという。

強烈な太陽が照りつける中で、除幕式の後、李はこう話した。「戦争とは恐ろしく、無情なものだ。多くの尊い命が犠牲になって失われた。だが先人たちは命をもって、私たちがいかに生きるべきか、道筋を示唆してくれる」。戦争の当事国、日本を責める口調は感じられないが、その無念な思いは十分に伝わってきた。

慰霊祭の前夜、招待元の日本台湾平和基金会（理事長・西田健次郎）が開いた歓迎夕食会で、李はこうも話した。「いま、われわれの生きる平和で安定した環境は、当然のごとく与えられたものではなく、むしろ多くの人の善意の結びつきと、不断の努力によって手に入れたものだ」。李は時に涙声になりながら、絞り出すように話し続けた。

沖縄訪問の半年ほど前のこと。２０１７年12月に台北郊外の自宅で、李はインタビューの「大東亜戦争について、いま改めてどう思うか」との質問に数分、黙りこくった。やっと口を開いて「兄（戦死した李登欽）は日本のために奮闘した。立派に戦って死ぬという理想に燃えていた」と話した。「だが、理想と現実には隔たりがある。（大東亜）戦争について、どう説明したらいいか分からない。いま話せるのはそこまでだ」と締めくくった。

李は戦後、台湾の民主化を忍耐強く進める一方、中国が狙う台湾統一工作を必死にはねつけてきた。兄が「日本のために」であったとしたら、李登輝は故郷の台湾のために奮闘し、立派に戦って死ぬ、との理想に燃えてきた、と言ってもいい。

（※1）**2・28事件**（99頁）

終戦直後の台湾で、進駐してきた国民党政権の横暴な統治に反発した群衆に、憲兵らが台北で１９４７年2月28日に機銃掃射し、これを発端に各地で抗議が拡大した事件。軍に武力制圧され、49年5月、「戒厳令」が布告された。その後、「共産党スパイ摘発」を口実に反体制派とみなされた人物が一方的に連行され、処刑される時代が続き「白色テロ」と呼ばれた。十数万人が拘束・投獄され、犠牲者も数万人に上る。87年7月の戒厳令解除まで、40年にわたり台湾の人々は恐怖におびえ続けた。

（※2）**高砂義勇兵**（105頁）

日本統治時代の台湾で「高砂族」と呼ばれた山地に暮らす先住民出身の旧日本軍人や軍属の総称。1942年からの募集に応募者が殺到し、血書志願する男たちも多かった。延べ8千人前後が入隊して、主に南方の戦場に送られた。とくに軍属は記録が少なく正確な人数は分かっていない。数千人が戦死したり戦地で病死したりした。ただ、戦後の補償が得られた先住民はごくわずかだった。

（※3）**台湾少年工**（109頁）

大東亜戦争末期に神奈川県の「高座海軍工廠」などで戦闘機製造に携わった10代の台湾出身者。徴兵による国内の工員不足を台湾出身者で補うとして1942年に募集が始まった。終戦まで数万人の応募者から選抜された優秀な約8400人が、全寮制の工場で給与を受け取って働いた。機械工学など授業もあり、上級学校の卒業資格を得られる条件だったが、終戦で約束は果たされなかった。

第4章

政治弾圧時代の苦悩

亡命運動家と日本で密会

1945（昭和20）年の終戦から、台湾では蔣介石《しょうかいせき》（1887〜1975年）が率いた中国国民党の「中華民国」による独裁支配が始まる。終戦で日本の内地から台湾に戻って編入した台湾大学を卒業し、そのまま同大で農業経済学の研究を地道に続け、さらに農政当局で実務を担当し始めていた李登輝《りとうき》も、台湾社会の激動とは無縁でいられなくなった。李は国民党政権の内部で頭角を現す一方で、これまでほとんど知られていなかったが、国民党政権に反発する海外の民主活動家らと、水面下での接触も始めていた。

「夜、家に着いてみれば、李東輝氏が来ており、（中略）実に気持ちのいい人で、日本に来て始めて、こんな素晴ら（し）き台湾人に会った。将来の独立も希望がもてるというものだ」（原文のまま）

61年のこと。戦後、国民党政権の政治弾圧から逃れ、日本に政治亡命していた台湾人の王育徳《おういくとく》（1924〜85年）は、6月16日の日記に、日本語でこう書いていた。

夫人の王雪梅《せつばい》（1925年生まれ）が遺品である日記の実物を、初めて公開してくれた。夫人は李が訪れた都内の一軒家にいまも暮らしている。

王が日記に、李の名を「東輝」と書いたのは、故意だったと考えられる。

王らは台湾を、中国大陸由来の政党や政権とは無縁の、台湾出身者による「独立国家」として樹立しようと「台湾独立建国連盟」を日本で立ち上げていた。

日本に亡命していた王育徳が都内の自宅で、訪れた李登輝と会話を交わした1961年6月16日の日記。写真立ての中に王育徳の姿＝2019年6月6日

一方、李は当時、台湾大学で教壇に立つ一方、農水省にあたる台湾の中央省庁、農村復興聯合委員会（現・行政院農業委員会）で農政を担当する官僚の一員でもあった。

台湾は49年に布告された「戒厳令」で、だれもが言動を監視されていた時代。まして李のような立場の人物が亡命した独立運動家に無断で会ったと特務機関に知られたら、逮捕は免れなかったはずだ。

李は日本への出張の合間に友人2人と王を訪ねてきた。しかし王は日記が万一、外部に漏れた場合、人物が特定されないよう「登輝」をあえて「東輝」に置き換えておいたのだろう。

当時、李と初対面だった夫人は「背が高くて立派で、抜きんでて特別な方だと感じた」と話した。

王の年齢は李よりも1年下だったが、旧制台北高等学校では李より1年先に入学していた先輩だ。東京帝国大学（現・東京大学）に進んだ王は、終戦で故郷の台南に戻った。

しかしそのころ、台湾を支配した国民党政権は、47年2月に台北で起きた2・28事件から住民への弾圧を一段と強め、その波は南部にも押し寄せてきていた。

5歳年上の実兄、王育霖《いくりん》が台南で47年3月、憲兵に連行され、銃殺された。育霖は東京帝国大学を出て京都地検の検事になったが、終戦で台湾に帰って、検事として活躍していた。そうした経歴が国民党政権に警戒され、いわれなき罪状を押しつけられた。血のつながる弟の育徳にも危機が迫っていた。

49年7月、王育徳は密《ひそ》かに得た出入境許可証で香港に脱出。その後、日本に亡命した。東京大学に戻って大学院で博士課程を修了し、明治大学で教職についたころ、李がひょっこり訪ねてきた。

監視する側には結局、知られずにすんだが、李が命がけのリスクを冒してまで王を訪ねてきたことを、台湾独立運動に関わった人々は、別の角度から受け止めた。

王と同郷で、後に台湾独立運動のリーダーを王から引き継ぐ黄昭堂《こうしょうどう》（1932〜2011年）は生前、こう明かしていた。

「『白色テロ』の時代、わざわざ日本で王育徳先生に会いに来た李登輝先生の胆力に驚いた。李登輝を『秘密盟員（秘密メンバー）』と認識するようになった」

王の日記によれば、黄も61年6月16日の李の来訪に同席している。黄のいう「秘密盟員」とは「暗黙の了解による非公開の同志」というほどの意味だろう。

2・28事件の後、戒厳令が敷かれ、政治弾圧「白色テロ」が続いていた。61年当時、李は弾圧する側の国民党政権の枠内にいながらも、支配者の立場ではなく、心は自分たちの側に立っていると王や黄は判断した。独立運動家らの多くは李のシンパとなり、李が総統となった後、民主化を水面下で支える力になっていく。

100人いれば理想郷は夢じゃない

台湾で政治弾圧「白色テロ」が続いていた1961年6月。日本に亡命していた王育徳を東京の自宅に訪ねた李登輝は、日本で台湾独立運動に関わった人々から「秘密盟員（秘密メンバー）だ」と目された。

李は「そんな話（秘密メンバー）は聞いたことがないな」という。だが李本人の意識とは別に、独立運動家らの間で李への信頼感が、長い時間をかけて醸成されたのは事実だった。

日本で台湾独立運動のリーダーを王から継いだ黄昭堂は、96年3月の台湾総統選を例に挙げた。総統の立場で民主化の旗振りを始めた李は、憲法を改正し、有権者が直接投票する民選に移行させた。

黄は「台湾の民衆を弾圧した国民党の政権は糾弾せねばならないが、それでも独立運動の仲間には、選挙戦で（国民党候補で続投をめざす）李登輝は攻撃せず、票を入れるよう密かに工作した」と明かした。

李はこの選挙で54％もの得票率で圧勝する。「秘密メンバーだ」と考えて応援した人だけの数字ではないが、弾圧されてきた「台湾独立分子」は李の側にいた。

61年6月の王の日記に戻る。自宅への来訪の2週間後、王は6月30日、都内の李の宿泊先で再会した。

「夜8時半、李さんを訪ねる。11時過ぎまで喋《しゃべ》る。台湾の経済は彼に任せて大丈夫のようだ。（中略）政治家のこと、一旦緩急あればのこと、肝胆相照《かんたんあいて》らして話し合った」

文面から王の息づかいが伝わってくる。

「彼のような快男児が台湾に百人おれば理想郷の建設は夢物語じゃないのだが。元気で再会で

きるよう祈る」（いずれも原文のまま）

王の次女、王明理《めいり》（1954年生まれ）は「『一旦緩急あれば』との表現から、父は2・28事件のような問題が再び起きるのではないかという懸念を、李登輝先生と共有したのではないか」と考えている。「台湾の将来について、父は2人だけでもう一度、話したかったのでしょうね」と日記をなでながら言った。

王育徳はしかし、独立運動に加え、戦後、日本国籍を失ったため補償が受けられなかった台湾人元日本兵への支援など、私心を捨てた奔走がたたったのか、心臓発作のため85年9月、東京で死去。「快男児」との再会は果たせなかった。

2018年9月9日、王育徳の生まれ故郷である台南市で、このとき市長だった頼清徳《らいせいとく》（1959年生まれ）の肝いりで「王育徳記念館」が開設された。頼は20年1月の総統選で副総統として当選し、同年5月に就任している。開設時に李登輝は、こんな一文を寄せている。

「王育霖さんと王育徳さんの兄弟は、ともに私の台北高等学校の尊敬する先輩でした。兄、育霖さんは台湾の司法を背負って立つ人材でしたが、非常に残念なことに2・28事件で犠牲になられました。弟の育徳さんは日本に亡命されましたが、私は東京で一度お会いし、台湾の将来について語り合ったことがあります」

「住む場所も与えられた環境も異なりましたが、私たちは共通の理念で結ばれていました。それは台湾人の幸せを願い、その為に最善を尽くすということでした。育徳さんの魂はこの地で、台湾の幸福を見守り続けるでしょう」

一方、李が日本出張の合間に訪ねた反体制的な台湾出身者は、他にもいた。中央省庁の農村復興聯合委員会で李の上司だった王作栄《さくえい》（１９１９～２０１３年）が、『李登輝・その虚像と実像』（草風館）に書き残した。

１９７０年春のこと。李との日本出張時に「政府のブラックリストに挙がっている人物を訪問したい」と求められた。李は「台湾独立分子の疑いがある」と補足した。アジア経済研究所の研究員だった戴国煇《だいこくき》（１９３１～２００１年）だった。

米留学経験もある王。承諾して戴の自宅を２人で訪ねた。「みな学者同士で心はよく通じた」という。

李は取材に「戴国煇さんは立派な学者だった」とだけ答えて言葉を濁した。

しかし、李の狙いを黄昭堂は「当時、台湾出身者との交友を日本で広げ、将来的に台湾の政治を変える同志を探していたのではないか」と推測していた。

事実、黄や戴らは、90年代から、総統時代の李を陰に陽に支える立場になる。

高い教育を受けた数多くの台湾人が２・28事件や白色テロで狙われ、命を落としていた。

台湾域内だけでは人材には限りがある。李は日本や米国などに逃れていた「同志」と、水面下で結びつきを深めようとしていたのではないか。

連行された父の行方

「あの日は寒かった。1988年1月末の夜、姉さんから電話がかかってきたの」と阮美姝《げんみす》（1928～2016年）は言った。電話の主は李登輝夫人、曽文恵《そうぶんけい》だった。

阮は日本統治時代、台北の第三高等女学校（現・中山女子高校）で曽の2年後輩。まるで妹のように曽にかわいがられたという。曽は「美姝、私よ、主人に代わるわ」と言った。すぐ電話口に出てきた李に、阮は無我夢中で話し続けた。

その少し前、1月13日に蔣経国の死去を受けて、憲法の規定で、李が副総統から総統に昇格していた。

曽には長い間、連絡していなかったが、李の総統就任を聞いて阮は「（国民党政権の摘発が）怖くて40年以上、だれにも話せなかった父の連行のことを手紙にして、姉さんに書き送った。今しかない、と思ったの」と話した。曽は手紙を受け取ったその日、李に話し、阮に電話をかけた。

阮の父、阮朝日《ちょうじつ》は1900年に台湾南部の屏東《へいとう》に生まれた。勉学を志して東京の旧制高輪中学に進み、さらに福島高等商業（現・福島大学）を卒業。台湾に戻って金融や運輸などの事業を手がけ、戦後は台北で新聞社、台湾新生報の社長も務める名士になっていた。

だが47年、２・28事件が起こった。国民党は中国大陸にいた軍部隊の出動を求め、武装制圧と摘発に乗り出す。その中で阮朝日は3月12日、憲兵に突然連行され、所在不明となった。

１９４９年5月、「戒厳令」が敷かれてからは、２・28事件について何か話すだけで摘発される恐怖の「白色テロ」時代が続く。李の総統就任の前年7月、戒厳令は世界最長の38年を経てようやく解除されたが、重い空気はなお残されていた。

父の連行から40年を超えていた。阮は電話で李に、何の罪状でどこに連行されたのか、生死すら突き止められずにいることを話したという。

姉さんと慕った曽の夫ではあったが「それでも李登輝さんは国民党の主席。大げさに聞こえるかもしれないけどね、あの時の手紙と電話は命がけだった」と生前の阮は涙声で打ち明けた。

１９４６年に台湾大学農学部に編入していた李も、実のところ２・28事件で身の危険を感じていた一人だ。「台北の万華《ばんか》にあった米問屋の親友が米蔵にかくまってくれなかったら、憲兵に連行されていたはずだ」と、剣呑《けんのん》な時代を振り返った。

李と夫人はその後、阮が集めてきた２・28事件についての数千点の資料を陳列した自宅の資料室を視察にきた。「終戦で引き揚げた日本人は、戦後の台湾がこの事件で苦しめられたことを、ほとんど知らないんだ」と李はため息混じりに話したという。だが阮朝日の行方も、事件

「2・28事件」で1947年3月に惨殺された阮朝日や事件に関する資料室を視察した李登輝と夫人の曽文恵（左）。案内したのは阮の長女、阮美姝（右）（阮美姝提供）

の真相もなお闇の中だった。

95年2月28日。2・28事件の慰霊碑の除幕式で、李は「犠牲者と遺族に深く謝罪する」と頭《こうべ》をたれた。総統であり国民党主席である人物が正式に謝罪したのは事件後、初めてだった。

その2年後、97年2月、かつて憲兵隊の運転手だったと話す男が突然、阮の自宅を訪ねてきたという。憲兵とともに阮朝日らを47年3月、台北郊外の山に乗せていき、銃殺の場にいたと明かした。「あなたの父は最期の時まで目をカッと見開いていた」とだけ言い残し、男は立ち去った。良心の呵責《かしゃく》にさいなまされてきたのだろうか。

連行から50年目のこと。銃殺の罪状は「阮朝日の新聞社が2・28事件を扇動した」との冤罪《えんざい》だった。

2・28事件は、何世代も前から台湾生まれの「本省人」と、戦後、国民党とともに中国大陸から渡ってきて支配階級となった「外省人」の間に深い溝を作った。「省籍矛盾（対立）」と呼ばれる傷跡で、いまも台湾社会を苦しめ続けている。

対極の運命を歩んだ親友・彭明敏

台湾の元総統、李登輝と同じく日本統治時代の1923年に台湾で生まれた彭明敏《ほうめいびん》。李は「彼はむかしからの親友だ」といった。

彭は戦前、京都の旧制第三高等学校から東京帝国大学に進む。終戦で台湾大学に編入。その後、パリで博士号を得て57年、台湾大学教授になった。

李は農業経済、彭は政治学と専門分野こそ異なったが、経歴や考え方の近さから意気投合した。「彼との会話はあの時代の台湾人の常で、日本語と台湾語のまぜこぜ」と李は笑った。

だが李と彭の2人は64年を境に、対極をなす運命に翻弄《ほんろう》されることになる。

「いつものように李登輝と、もうひとりの友人と3人で夕食をして別れた次の日に、僕は逮捕された」

彭の逮捕は、64年9月20日のこと。49年5月に敷かれた「戒厳令」がこの時点で15年も続き、国民党政権の政治弾圧「白色テロ」が重くのしかかっていた。

彭は台湾で民主政権の樹立を訴えた小冊子「台湾人民自救宣言」を密かに1万部印刷し、各地に発送する寸前だった。ところが印刷業者らの密告で「宣言」の存在が発覚。反体制勢力を厳格に取り締まる特務機関の警備総司令部に逮捕された。

ただ、彭は「宣言」の作成に関し「李登輝には一言も漏らさなかった」。しかも「李登輝はそもそも政治に興味がなく、もっぱら農民を搾取《さくしゅ》する政策に怒りを感じ、農業政策ばかり熱く論じていた」という。

李登輝と同い年で親友の彭明敏＝2019年5月16日

過酷な取り調べを受けて自宅軟禁処分になった彭を救ったのは、台湾の民主化と独立運動を日本で支援していた宗像隆幸《むなかたたかゆき》（1936年生まれ）だった。政治学者として名を知られていた彭の境遇に、義憤《ぎふん》を感じたのだろう。実在の日本人のパスポートに彭の顔写真を貼る手法で、70年1月3日に空路で彭を脱出させ、香港経由でスウェーデンへの政治亡命を成功させた。

彭は「あのとき成功の確率は50%くらい。失敗したら銃殺されるのは覚悟の上の逃亡だった」と話す。

一方の李登輝は、彭逮捕の翌年、65年に米コーネル大学に留学。博士号を得た後、71年には、彭が強く反発した国民党に入党。72年に李は政務委員（無任所大臣）に任命されていた。

李の入党や入閣を後に知った彭はしかし「まったく驚かなかった。国民党を内側から変えようとしたと思った。忍耐力のある李登輝らしいやり方だ」と振り返った。「でも僕は（独裁政権に）がまんできず、突撃部隊のやり方だった。短所かもしれないけどね」といい、ニヤッと笑った。

彭はスウェーデンから70年9月、米国に渡った。ミシガン大学などで教えていたが、政権中枢に組み込まれた李とは、まったく正反対の道を選んだ。

李が総統になり、その民主化の過程で、政治犯の汚名をそそぐことになった彭。92年に22年ぶりに台湾に戻ったが、李との縁はさらに続く。台湾初の民選による96年の総統選で彭は野党、民主進歩党の候補として、国民党候補で現役総統の李に挑んで出馬した。「選挙戦では彭明敏を一度も攻撃せず、論争にもならなかったので、記者に退屈だといわれた」と李は思い出し笑いした。

結果は李が得票率54％で圧勝。無名の彭は落選したが、それでも21％で230万票近くも得た。親友どうしの不思議な総統選だった。

農業一筋の現場主義で中央省庁入り

1945年の終戦で蔣介石が率いた国民党政権による支配が始まった台湾。政治弾圧のみならず、経済混乱も激化の一途をたどっていた。毛沢東《もうたくとう》（1893〜1976年）が率いた中国共産党との「国共内戦」が続いた中国大陸で、食料などあらゆる生活用品の物価が急騰。あおりを受けて台湾でも激しいインフレが市民生活を直撃していた。

その一方、李登輝は「農地改革が当時の台湾経済を混乱から救った主役で、大賛成だった」と話した。李は49年に卒業した台湾大学農学部で教職についていたが、授業でも農業指導先でも、農地改革を熱く語っていたという。

若林正丈《まさひろ》（1949年生まれ）著『蔣経国と李登輝』（岩波書店）によると、当時の農地改革は①小作料の減免②日本から接収した農地の農民への売却③地主階級から政府が買い上げた農地の農民への売却——という3段階で進んだ。52年には台湾の農業生産高は戦前のピーク（1938年）を上回るほど回復していた。

李は「実をいうとね、僕の家も家内（曽文恵）の実家も、（台北郊外の）淡水から三芝にかけて地主だったから、親たちは土地を取り上げられたといってカンカンだった」と笑った。それでも李が農地改革を支持したのは「子供のころ、地主の祖父のところに毎年、手土産をもって『来年も耕作させて』と小作農が頼みにくる姿を見て、世の中にこんな不公平なことがあるのかと思った」からだ。農業経済学を志した原点だったかもしれない。

30歳を目前に、李に転機が訪れる。49年に結婚、50年に長男の憲文《けんぶん》、52年に長女の安娜《あんな》が生まれたばかりだった。公費留学生の試験に合格し、米アイオワ州立大学の修士課程に進む。「農業と商工業の密接な関係を研究し、台湾社会に応用したいと考えた」と話す。

53年に台湾に戻った李は台湾大学で教えながら、地方政府の位置づけだった台湾省政府で農林庁の経済分析官も兼務。「北から南まで台湾のほとんどの農村を回っては、現地調査や農業指導した」と振り返る。

当時の台湾には数少なかった米国留学帰りのエリートだったが、作業服に帽子をかぶり、自転車にまたがって日暮れまで農家を訪ねて回った李の姿が目撃されている。李の信念はこのころから現場主義だった。

ただ、夫人の曽には心配事があった。政治弾圧「白色テロ」の時代が続いていた。「主人がだれかに政治的な揚げ足を取られたり、密告されたりして連行されないか」ばかり考えていたという。

「主人の講演原稿を事前にこっそり見て、危ない政治的な発言と感じたところを消しておいたの。講演の後で『勝手に消すな』と怒られたけど、そうしないと家に帰ってこられないかもしれなかった」と話す。

中国大陸から戦後、国民党とともに渡ってきた支配層である外省人には、日米で高等教育を受けた李のような台湾生まれの知識層は目障りな存在と映った。

それでも政治にあまり関心をみせず、農業一筋の姿勢が好感されたのか、57年には中央省庁の農村復興聯合委員会が李を登用。さらに65年に李はロックフェラー財団の奨学金を得て、米コーネル大学の博士課程に進むチャンスをつかむ。

憲兵に突然連行され死を覚悟

留学先の米コーネル大学で1968年に書き上げた博士論文「台湾における農業と工業間の資本移動」が米農業経済学会で最優秀論文に選ばれ、李登輝は名を知られるようになった。

当時45歳の李は、台湾に戻って中央省庁の農村復興聯合委員会に復職し、台湾大学教授も兼ねていた。

だが、夫人の曽文恵が長い間、恐れていたことがその翌年、ついに李の身に起きる。69年6

月初め、早朝6時過ぎのことだった。

ドンドンドン。台北の李の自宅玄関を突然、激しくたたく音が聞こえた。白いヘルメットをかぶり、銃を携えた憲兵数人が、李に同行を求めたのだ。

寝間着姿の李は憲兵に「支度するから少し時間をくれ」と言い、着替えながら何枚もの小切手にサインして曽に渡した。李はこのとき「連行されれば二度と帰れないかもしれない」と覚悟した。万が一、自分が投獄されたり処刑されたりしても、小切手を現金化すれば、家族はしばらく暮らしていける。

連行先は特務機関の警備総司令部だった。李は「それから毎日、朝早くから夜遅くまで尋問が続いた」と話した。手荒なマネはされなかったが、友人や同僚など交友関係、勤務先や留学時代の出来事まで「細かく調べ上げていて、とくに共産党に関わらなかったかどうか、同じことを執拗《しつよう》に聞かれた」と振り返った。

一方、取調官がぽつりと漏らした一言を李は鮮明に覚えている。「おまえみたいな男は蔣経国以外は使ったりしない」。このときの李には意味不明だった。結局、李の尋問は1週間ほどで終わり、無罪放免となった。

その後、しばらくして農復会の上司で、70年に日本への出張も同行したことのある王作栄が「書類」を携えてきた。李の4歳年上で中国湖北省の生まれ。49年に台湾に渡ってきた外省人だった。書類は李の「国民党入党申請書」だった。

王は経済学者で台湾大学教授も兼務しており、李を高く買っていた。党員でもあった王の推薦を受け、李は申請書を提出し71年に入党した。台湾生まれの本省人の友人や家族の多くは、政治弾圧していた側の党に李登輝が入ったことに驚いたという。

だが「農政を担うにしても党員でなければ重要な会議に出られない。仕事がしたかった」と、李は当時の本心を明かした。

しかし、周囲がもっと驚いたのは72年6月1日、行政院長（首相に相当）に就任した蔣経国が農政担当の政務委員（無任所大臣）に李を指名し、入閣させたことだ。ニュージーランドで国際会議に出席していた李は知らせを電報で受け、急いで台湾に戻ってきた。

李は、あの取調官の言葉の意味に、やっと思い当たる。蔣は行政院長になる何年も前から、農業振興政策を掲げようと考え、米国で名をはせた李が信用できる人物なら、閣内登用したいと周到に準備していた。

外省人が主流の国民党にあって、党歴わずか1年という本省人を抜擢《ばってき》し入閣させるには、党長老への説得材料にも〝身辺調査〟が欠かせなかったのだろう。

一方で、そうした内部事情とは関わりなく、台湾を取り巻く国際情勢は、まさに風雲急を告げていた。

孤立の危機で本省人を登用

李登輝が政権党の国民党に入党した１９７１年、台湾が称する「中華民国」は危機に直面していた。毛沢東率いる中国共産党政権が49年10月に北京で成立させた「中華人民共和国」と、国際社会における立場が逆転したからだ。

大東亜戦争で戦勝国と扱われ、中華民国が国連で維持してきた「中国の代表権」と「安保理常任理事国」の地位。これが71年10月の総会決議で、北京側に取って代わられた（※１）。

台湾の本島と周辺の島嶼《とうしょ》しか実効支配していない中華民国が、いずれ中国大陸の全土を取り返すとの「大陸反攻政策」を掲げたままで「中国の代表権」を持つことには無理があった。台湾大学時代から李の親友で、政治学者の彭明敏にいわせれば「すでに60年代から台湾外交はお先真っ暗だった」。60年代に台湾と外交関係のある国は、日米を含め、最大でも70カ国あまりだった。

当時は、台湾をめぐる国際情勢の変化を傍観するしかなかった李だったが、改めて「米国の身勝手な政策だった」と振り返った。

泥沼化していたベトナム戦争（１９７５年終結）への対処が問題だった。共産国の北越による南越への侵攻を食い止めようと米軍が支援したが、戦況は南越と米に不利になっていた。69年1月に米大統領に就任したリチャード・ニクソン（1913～94年）。国内の反戦運動もあり、名誉ある撤退を求め、北越に強い影響力をもつ北京の毛沢東政権に接近。大統領補佐官だったヘンリー・キッシンジャー（1923年生まれ）を71年7月に極秘裏にパキスタン経由で訪中させた。米ソによる東西冷戦時代。このときの中ソ対立も追い風だった。

米中による7月の急接近が10月の国連決議の引き金になった可能性がある。あるいはニクソン政権が裏で糸を引いていたのかもしれない。

ニクソンは72年2月21日、北京に降り立ち、毛沢東と会談した。米中の正式な国交樹立は79年1月まで準備期間をおくが、ベトナム戦末期の米国の都合による対中接近が、台湾の国際的地位の低下を決定づけた。

そうした国際情勢の変化が国民党と蔣経国による李の起用につながった可能性がある。台湾総統府直属の学術機関、中央研究院の近代史研究所で副研究員を務めた林泉忠《りんせんちゅう》（1964年生まれ）はこうみている。

「旧ソ連への留学経験がある蔣経国は『中国の代表権』にこだわった父親（蔣介石）とは異なり、国際的な孤立が予想された台湾でも、引き続き国民党政権が生き残るため、李登輝のような高い教育を受けた台湾生まれの本省人エリート人材を集める必要性を60年代から感じていた」

蔣介石の長男、経国は72年6月に首相に当たる行政院長になる。彭明敏と同じく「お先真っ暗」な外交を早くから懸念し、中国大陸出身者が主流となって全中国の支配を夢見る国民党を変えたかった。台湾で生き残るため、台湾出身者の力が必要だった。

李の71年の国民党への入党も72年の入閣も、米国や国連の風向きを考えた蔣経国の戦法だったのかもしれない。

避けられなかった日本の北京接近

国民党入党の後、李登輝が政務委員として入閣した1972年、台湾の外交は混乱の渦中にあった。

ニクソン米政権の北京への急接近「ニクソン・ショック」や台湾の国連脱退で風向きが変わった。国際社会は、国民党政権による台湾の「中華民国」から、共産党政権による北京の「中華人民共和国」に雪崩《なだれ》を打って外交の軸足を移す。

72年7月に首相に就任した田中角栄（1918〜93年）は、2カ月後の9月に訪中。首相の周恩来《しゅうおんらい》（1898〜1976年）らと会談し、9月29日に「日中共同声明」（※2）に調印し、国交正常化した。これに強く反発した台湾側は同日、日本との断交を宣言している。激しい反日運動も起きた。

李は「当時は日本外交の動き（北京との国交）は避けられないとみていた」と話した。著書『新・台湾の主張』（PHP新書）では断交を含む戦後の日本の姿勢について「日本統治を経験した日本語世代には複雑なわだかまりを抱えている者がいるのも確か」と書き、穏やかでなかった当時の心境も明かしている。

李登輝政権時代の90年代、経済産業相に相当する経済部長など経済閣僚を歴任した江丙坤《こうへいこん》（1932～2018年）は、72年当時、駐日大使館に勤務していた。

「あの日（9月29日）に東京の大使館（現・中国大使館）で私たちは国旗を降ろし、その後、庭で重要書類を黙々と燃やした。毎日のように通った（日本の）外務省や通産省（現・経済産業省）への立ち入りも禁じられた」と遠くをみつめて話した。

ただ、日本側にも台湾に一定の配慮をみせる動きがあった。

第一次田中内閣で外相となった大平正芳（1910～80年）は就任直後、辜寛敏《こかんびん》（1926年生まれ）を自宅に呼び出した。戦前の日本で貴族院議員だった実業家、辜顕栄《けんえい》（1866～1937年）の息子で、大平と懇意だったという。

辜寛敏によると「田中からの密書だ」といって大平は書面を差し出した。

密書は①失うのは外交関係のみ②経済や人的往来には影響しない③大使館など台湾での日本の資産は放棄する、など7項目が日本語で書かれていた。「日中の国交は時間の問題だが、中華民国（台湾）との断交は不本意だと本国に伝えてほしい」と大平は言った。

大平の意をくんだ辜は7月末、台北市内のホテルで当時の外相、沈昌煥《しんしようかん》（1913～98年）に密かに会って、日本側のメッセージを伝えていた。田中による訪中の2カ月前のことだ。

辜は「断交後も日台関係が民間で安定的に発展した基礎は、沈外相から行政院長（首相）の蔣経国の手に渡った密書にある」と考えている。ただ、密書は日本側の虫の良い内容と読めなくもない。それでも、国際情勢に翻弄されていた当時の国民党政権や、入閣したばかりの李は、受け入れる以外に手はなかった。

辜は旧制台北高等学校で李の3年後輩だが、72年時点で、李との接触はなかった。その後、辜は2016年に総統に就任した蔡英文《さいえいぶん》（1956年生まれ）を、総統府で資政（上級顧問）として支えている。

求められた敬虔なキリスト教徒

総統退任後に李登輝の秘書を2012年まで務めた小栗山雪枝（1944年生まれ）は2011年11月、台北市内の病院で、大腸がんの摘出手術を無事に終えて経過も良好だった李が、軽やかな口調でこう話したことを覚えている。

「神が見守ってくれたんだ」

洗礼を受けて李がキリスト教徒になったのは1961年、38歳のとき。李夫人の曽文恵は前年に受洗しており、李にも勧めた。

手術のとき李は88歳。医師団は高齢を理由に放射線治療を勧めたが、「悪性のものは除去しなければならない」と考えた李。ガン治療のさまざまな論文を読んで、開腹手術を求めた。

一方で李は小栗山に向かって、こうも続けたという。

「(李が総統時代に国民党の独裁的な政権を民主化させた)『静かなる革命』がなぜできたか。これも神が見守ってくれたからだ。手術だけじゃない。僕はまた生まれ変わった。悪いものは除去しなければいけない」

実際、農業経済学者だった李が総統に登りつめるまでの道のりと、キリスト教は切り離せそうもない。

匿名を条件に取材に応じた台湾の政治学者は「キリスト教徒でなければ、李登輝は65年からの2度目の米国留学も、71年の国民党入党も、さらに台北市長など高い地位への登用もなかっただろう」と話した。

米コーネル大学で農業経済学の博士課程に進む奨学金をロックフェラー財団などから得た李。明確な選考基準ではないだろうが「昔から米国はキリスト教の信徒をまず信頼し、優先する傾向があった」という。洗礼を受ける前のアイオワ州立大学留学は、台湾公費留学の身分だった。

戦前から蔣介石や夫人の宋美齢《そうびれい》（1898年生まれなど諸説あり、2003年死去）が米国で信任を得て国民党が軍事支援を受けることができたのも、キリスト教徒で米国留学仕込みの流暢《りゅうちょう》な英語を話した宋美齢が、米議会で信頼されたのがきっかけだ。

李と夫人は60年代、蔣介石や長男の蔣経国らが所属する教会に通ったことがあり、その政治学者は「蔣父子らは敬虔《けいけん》なキリスト教徒の李の姿を目撃し、李の経歴も調べ上げて、将来的に要職につけた場合に、米国との交渉も任せられると踏んだ」と考えている。

李の側に何ら打算はなかっただろうが、軍事や経済の支援を米国から引き出し続けたい蔣父子には望ましい人物と映ったという。

台湾総統府直属の学術機関、中央研究院の元副研究員、林泉忠は別の視点から「東西冷戦の時代にあって、米国は60年代から国民党に対し、民主主義的な政権と、台湾第一主義の政策への転換を求め、台湾生まれの優秀な本省人を登用すべきだと政治圧力をかけていた」とみている。

そこに農業経済学者であり、敬虔なキリスト教徒でもあった李が現れて、偶然にも諸条件を満たしたのだろう。

司馬遼太郎著『街道をゆく　四十　台湾紀行』に収録された李と司馬の対談では、総統に上りつめたことについて、李は「偶然をうまくつかまえたのが蔣経国さんでしょうね」と答えた。

その偶然の中に、キリスト教の要因は小さくなかった。李は政治家の道を歩む中で信仰の度合いを深め、同時に困難に直面した時、夫人とともに信仰に救いを求めていくことになる。

蔣経国から政治の帝王学

1972年6月に台湾の行政院長に就任した蔣経国は、同時に李登輝を農政担当の政務委員に抜擢し、入閣させた。

ただ、後に総統になった李を総統府国策顧問として補佐した曽永賢《そうえいけん》（1924～2019年）によれば「（政務委員としての）入閣時から李登輝は国民党の中で四面楚歌《しめんそか》」だった。

李は当時49歳。戦後台湾で最年少の入閣だった。しかも党内で少数派だった台湾出身の本省人だ。中国大陸出身の外省人の間に李への嫉妬《しっと》が渦巻いていた。

47年に起きた2・28事件をきっかけに、支配層の外省人と地元住民の本省人の間の対立「省籍矛盾」が台湾社会を分断していた。

台湾では当時、戒厳令がなおも続き、国民党の一党独裁による厳しい支配に変化はなかった。だが一方で蔣が、李ら本省人を政界で重用しようと考えていたことは、台湾出身者の閣僚数の変化から読み取れる。

行政院長だった蔣経国（右）から記念品を受け取る李登輝（左）。党歴の浅い本省人の李に、外省人ら周囲は冷たい目を向けていた（李登輝基金会提供）

台湾の中央研究院で副研究員を務めた林泉忠の調べでは、1940年代後半から63年まで、国民党政権の閣僚が最大26人の時期に本省人は1人か2人。その後、72年まで閣僚枠が36人に増えても本省人は4人だった。

ところが蔣が行政院長に就任した72年、閣僚枠は26人に減らす一方で、このうち本省人は李を含め、8人に大幅に増やしている。

蔣経国は父親の蔣介石と政治家としての立ち位置が根本的に異なっていた。早稲田大学前教授の若林正丈は著書『蔣経国と李登輝』で「蔣経国の政治的な上昇は、中国大陸での父、蔣介石と国民党の敗北によって政権の台湾への撤退後に（初めて）可能になった」と書いている。

国民党政権が中国大陸にあった時代、モスクワ留学を経て旧ソ連に10年以上も滞在した経緯から、蔣経国に政界への影響力はなかった。帰国後、蔣経国が父親である蔣介石の後継者となるには、国共内戦の敗北で逃げ込んだ先の台湾を地盤にする以外、選択肢はなくなっていた。政権の「台湾化」と本省人の重用はクルマの両輪のようだった。

李は「蔣経国は一介の政務委員だった私をどんな会議にも同席させ、地方や離島の視察にもほとんど同行させた」と振り返る。蔣には、政治の帝王学を李に学ばせる意図があったのは明白だ。

そうした中で75年4月5日、絶大な権力を誇った総統の蔣介石が87歳で死去した。副総統で外省人の厳家淦《げんかかん》（１９０５～93年）が憲法規定で総統に昇格し、蔣介石の残された3年あまりの任期を務めるが、ワンポイントリリーフだった。

行政院長だった蔣経国は厳の任期が満了した78年5月20日、総統に就任し、6月9日には李登輝を台北市長に就任させている。「一介の政務委員」よりも格が上の重要ポストだった。

李はこのとき、兼務していた台湾大教授などの職務を辞している。「もう（政治以外に）他に進む道はなくなっていた」と、李が覚悟を決めた時期だった。

（※1）**台湾の国連脱退**（１３８頁）

１９７１年10月25日の国連総会で北京の「中華人民共和国」に「中国の代表権」を与えて安保理常任理事国とし、台湾の「中華民国」を追放する決議が賛成多数で成立した。欧州の共産国、アルバニアなど23カ国が共同提案した。日米などは国連への台湾残留を画策したが、「中国の代表権」を奪われたことに強く抗議した蔣介石政権は、国連からの脱退を選んだ。台湾は現在も国連に議席はない。

（※2）**日中共同声明**（１４０頁）

１９７２年９月29日、日中の国交正常化にあたって北京で取り交わした合意文書。日本政府は「中華人民共和国が中国の唯一の合法政府であることを承認」した。さらに「台湾が中華人民共和国の領土の不可分の一部である」との中華人民共和国政府の立場も「十分理解し、尊重」すると明記したが、承認はしなかった。台湾が称する「中華民国」との外交関係は解消した。

第5章

蔣経国学校の卒業生

密命「野党を作らせよ」

戦後台湾を独裁支配した蔣介石《しょうかいせき》（1887〜1975年）の長男である蔣経国《けいこく》（1910〜88年）は、総統に就任した1978年に政務委員（無任所大臣）だった李登輝《りとうき》を重要ポストの台北市長に任命した。さらに李を台湾省主席、副総統にまで引き上げていく。日米や中国など、台湾を取り巻く国際情勢が風雲急を告げ始めた時代。中国大陸出身の外省人が中枢を占めた国民党が台湾で政権党として生き延びるためには、李のような台湾出身の本省人エリートを政界で育て上げ、政権の「台湾化」を図るしかないと蔣は考えた。一方で学者肌だった李は、身近に接した蔣の政治手法を吸収して、図らずも政治家に脱皮していく。さらに李は1988年1月、蔣の急死で総統に昇格する。

「私は蔣経国学校の卒業生だ」。2004年5月16日、李登輝は1984年から88年までの副総統時代、総統の蔣経国との会話を記録したメモをまとめた『見証台湾　蔣経国総統と私』（允晨《いんしん》文化実業）の出版記念講演で自らこう表現した。

1972年6月に行政院長（首相に相当）に就任した蔣は、李を農政担当の政務委員として入閣させた。78年5月に総統になった後も、李を次々と重要ポストに就けていく。

蔣が88年1月13日に77歳で病死し、副総統だった李が同日、総統に昇格するまでの16年近く、蔣は李を近くに置いた。李は2004年の同書出版をきっかけに「蔣経国学校」について語るようになり、蔣時代の再評価を求めた。

ただ、国民党政権の政治弾圧「白色テロ」で22年以上も冤罪《えんざい》で投獄された本省人、郭振純《かくしんじゅん》（1924〜2018年）に話を聞くと「台湾人の李登輝が、なぜ独裁者の蔣経国を頼るのか、釈然としない」と顔を曇らせた。

郭は総統時代の李が、台湾の民主化を進めたことは評価する。一方、「蔣介石や蔣経国らの独裁政権が台湾で起こした（2・28事件など）殺戮《さつりく》や弾圧は、台湾人であるなら絶対に許しがたいはずだ」と憤《いきどお》った。

郭ら多くの年配の台湾人が抱く強いわだかまりを李に問うと、直接は答えず、蔣経国のエピソードを話し始めた。

「政務委員のころ、（台湾中部の）彰化《しようか》で水害が起きたとき、被災地に着いた蔣経国は自ら泥水に足を踏み入れて、被害状況を確かめた。同行した私は実際に見た。決してパフォーマンスではなく、庶民の目線で行動したんだ」という。

さらに「蔣介石は泥水に自ら入ったりしない」と付け加えた。李は蔣父子に対する批判めいた発言はめったにしない。ただ、台湾人の立場からみて、蔣介石と比べて蔣経国は敵視すべき存在ではない、と考えていたことをうかがわせた。

台湾の人々の苦難を思えば、郭のような複雑な心情はもっともだ。「２・28事件」を考えても「白色テロ」の長い時代を考えても、蒋介石も蒋経国も「千古の罪人」といっていい。

一方で李登輝は、徹底した現実主義者だ。国共内戦に敗れたとはいえ「反攻大陸」を掲げた国民党政権の蒋介石あってこそ、台湾は東西冷戦の時代にも中国共産党による併合や共産化を免れた側面があったことを意識している。

さらに、絶対的な権力を世襲した蒋経国だからこそなし得た戒厳令解除や、野党の容認といった自由化の種まきがあって初めて、李の総統時代に台湾で民主化路線が花ひらいたことも、見落としていない。

李登輝は『見証台湾　蒋経国総統と私』の書籍を手にしながら「蒋経国は台湾の民主化への強い思いをもっていた」と話した。

総統の蒋と個別に会話した１５６回の内容を書き記したメモは、台湾北西部の桃園市郊外にある李の別荘で今も、机の引き出しに保管されている。表紙に「ＳＯＮＹ」のロゴマークが入った白いビニール貼りの手帳だ。青色のペンで丁寧に中国語で書かれている。

李はソニーで社長や会長を歴任した盛田昭夫《もりたあきお》（１９２１～99年）と懇意で、手土産にもらったメモ帳を気に入っていた。ペラペラめくりながら李は「この手帳には、まだ明かせないことが書いてあるが、本（見証台湾）に引用したこの日は重要だ」と指さした。

日付は台湾の春節（旧暦正月）を控えた１９８６年２月７日。蒋が李に特別指示した、と書いている。

「新年度（春節明け）に党外人士と意思疎通のパイプを作り、本人（李）が参与せよ」

党外人士とは一党支配を続けていた国民党以外の政治人物をさす。

すでに70年代から国民党の独裁政権を批判する雑誌の発行や、民主化要求デモなどが台湾の南部を中心に始まっていた。だが、49年から戒厳令が続き、野党の存在は非合法だった。一方で李は「蔣経国は野党を作らせ、政治圧力を利用して国民党を改革しようと考えていた」と明かした。

1984年5月から88年1月まで蔣経国との会話や出来事を記録したメモ帳をめくって見せる李登輝＝2017年8月9日

メモによると、86年9月28日に初の野党として民主進歩党が結成されたことに対し、蔣は9月30日、「違法要件はまだ構成しておらず、法に依って処理するのは容易ではない」と李に話し、事実上、容認した。

李は否定も肯定もしなかったが、蔣の指示で党外人士に政党の結成を国民党は阻止しない、と水面下で伝えたと考えられる。蔣が信頼した本省人の李にこそ与えられ得る役目だった。

このとき結成された野党は2016年から蔡英文《さいえいぶん》（1956年生まれ）が総統となっている現在の政権党である民主進歩（民進）党だ。

人々の声に耳を傾けた台北市長

李登輝は1978年6月、農政担当の政務委員から、さらに重要ポストの台北市長に就任した。このとき李登輝は、それまで兼任していた台湾大教授と、中央省庁の農村復興聯合委員会（現・行政院農業委員会）顧問の職を辞している。農業経済学者の衣を脱ぎ、政治家への道を明確にした瞬間だ。

市長となった李は「台北市には当時まだ捷運《ジエユン》（地下鉄や新交通システム）がなくてバスが生活の足だったから、なんとか便利にしたいと考えていた」。交通網改善の第一歩として「整列乗車運動」に取り組んだ。

作家の司馬遼太郎（1923〜96年）から博覧強記《はくらんきようき》と一目置かれた蔡焜燦《さいこんさん》（1927〜2017年）は、当時の様子について「戦前（日本統治時代）は台湾人も秩序よく並んだが、戦後は我先にバスめがけて走る万人身勝手《ばんじんみがって》な風潮が持ち込まれた」と指摘している。中国大陸から渡ってきた外省人による秩序の乱れに、実際だれもがうんざりしていたという。

李は社会奉仕団体「ロータリークラブ」などに整列乗車を働きかけ、組織的な運動を推進する一方、市内のバス停の配置を安全で整列乗車に適した形に変えていった。さらに、南国台湾での暑さ対策として、バス車両の冷房化も急がせた。

李は「人々の不満によく耳を傾けて政治に生かしていく経験は、台北市長のときに学んだ」と話す。

李登輝一家の警護を36年にわたって務めた元ボクサーの李武男（1942年生まれ）は、こんな光景を覚えている。

工事ミスで幹線道路に大量の水があふれていると聞いた李武男が李登輝に耳打ちすると「すぐに見に行こう」と李武男を連れて2人だけで出かけた。現場の状況を確認した李登輝は、近くの公衆電話から市政府の担当者に電話をかけ「たまたま通りかかったら水浸しの場所をみつけたので、対応してほしい」と丁寧に頼んだという。

公務員は市民の声をほとんど聞かず、上司の顔色ばかりをうかがっていた時代だ。李武男によると「李登輝は怠けている公務員をどう動かしたらいいか、雰囲気作りもうまかった。市民の反応も上々だった」という。

78年から市長を務めていた李は「世界に台北市を注目してもらおう」とも話していた。自身が会長を務める「李登輝基金会」の資料によると、3年半の市長在任中に3回訪米し、米国で新たに6都市と姉妹都市の協定を結んでいる。

台湾は71年10月の国連脱退や72年9月の日本との断交、79年1月の米国との断交など、国際社会で厳しい状況に追い込まれていた。

そうした状況下ながら79年5月、李登輝は訪米し、カリフォルニア州ロサンゼルス市で市議会の正式承認を経て、市長のトーマス・ブラッドリー（1917～98年）と姉妹都市の提携調印を行った。台北市長の立場で、海外の都市との経済や文化交流に活路を見いだそうとしていた。

李登輝夫人の曽文恵《そうぶんけい》によると、李を台北市長に任命した蔣経国は李の市長就任当初、毎日のように市長公邸を訪ね、「市政はうまくいっているか」と聞いたという。そもそも学者の李が市政をこなせるか、気にかけていたのだろう。さらに、国民党の内部や自らの周辺に、将来の人材として李を重視している、との暗黙のメッセージを伝えようとしたとも考えられる。2カ月ほどして「評判は悪くない。もう大丈夫だな」と蔣は言って、公邸には現れなくなったという。

台湾版「列島改造論」

「1978年、時の台北市長、李登輝さんからお呼び出しを受けた。台北市の膨張に備えて、東の郊外にある軍の施設跡地の活用を提案してくれ、ということである」

台北で生まれ育ち、1940（昭和15）年に上京。その後、東京帝国大学（現・東京大学）工学部建築学科で学び、建築家として戦後も日本に残った郭茂林《かくもりん》（1920〜2012年）が99年8月に書いた文章に、こう記されていた。長男で建築家の郭純《じゅん》（1949年生まれ）が初めて公開してくれた手記だ。

郭茂林は三井不動産とともに、68年に竣工した日本初の超高層ビルで地上36階建ての霞が関ビルディングの企画や設計、コーディネートをしたことで知られる。

さらに70年代から80年代にかけ、東京で新宿副都心の高層ビル群建設にあたっても、中心的な役割を果たすなど、戦後日本の高度経済成長期に進んだ都市開発で最先端を走っていた。台湾の駐日大使館にあたる東京・白金台の亜東関係協会東京弁事処（現・台北駐日経済文化代表処）の建物も、郭の手で設計され、88年に完成している。

李が市長として提案を求めた「東の郊外にある軍の施設跡地」はその後、郭茂林の提案を受け入れて台北の新都心を形作り、2004年には地上101階建ての「台北101（地上高509・2メートル）」が完成して、ランドマークになった。

郭純は「新宿副都心計画を知った（台北市長時代の）李登輝さんが、台湾出身の父（郭茂林）の存在も知って、信頼を寄せてくださった」と話した。

純によれば「副都心」の発想で東京やパリにも共通点があるという。いずれも従来の都心から5キロほどと、遠からず、近すぎず、という距離に新たなビル群を開発した。東京の丸の内からみて西新宿は西に5キロ前後。旧市街の街並みを大切にするパリも西の郊外にオフィスビル地区、ラ・デファンスを新たに開発した。台北は総統府からみて東に5キロ前後の信義地区がふさわしいと、郭茂林のチームは東京やパリの事例から考えていた。李の期待にもちょうど合致していた。

郭はさっそく、市内中心部にあった台北市政府庁舎の移転を軸に、副都心の構想図を描き、模型を作って台北に向かい、市長室で李に説明した。会話はすべて日本語だったという。「そのときの李登輝市長の理解の早さ、深さと、提案者である私に対するお褒めの言葉は、いまでも忘れられない。ああこんなに立派な台湾人もいるんだ、という発見に大変な幸福感に浸ったことを、よく覚えている」と、心躍るような文章で郭茂林はつづっていた。

信義副都心は「政治」の中心として市政府、「経済」の中心として世界貿易センター、「歴史文化」の中心として孫文記念館が配置され、さらに後年、台湾経済の発展を映し出した金融の中心として超高層ビル、台北101も加わった。

1978年の李への説明に同席していた郭純は「高層ビルどうしの横のつながりが、あまりよくなかった新宿副都心の反省を台北では生かして、歩行者にとっても一体感を感じられるコンセプトを提案した。さらに緑と広場のネットワークや地下鉄建設の計画ともリンクさせた。市長の李登輝さんは即決即断で採用してくださった」と明かした。

台北市長時代の李登輝からの求めで模型を使って副都心計画を説明した郭茂林＝1978年（郭純提供）

李は日本の都市計画の成功例を、台湾発展のモデルのひとつとして取り入れようと考えていたのだろう。そこに台湾人の郭茂林という卓越した建築家がいたことも、強い動機になったに違いない。
信義地区の副都心開発で郭の実力を高く評価していた李は、台湾省主席の時代にも郭に助言を求めてきた。さらに88年の総統就任後、90年3月に行われる国民党政権の間接的な総統選を前に、郭に改めて連絡してきたという。蔣経国の死去で副総統から昇格した李は、いわば代理総統の立場だったが、選挙を経て再任されれば、正式な総統の立場で国づくりに乗り出せると考えた。

茂林の手記には「(李が)当選したら(台湾全体のプロジェクトとして)こういうことをしようというテーマを都市建設の専門家として、なにか私(李)に提言していただきたいとの有難いお言葉をいただいた」と記されている。李は90年3月の選挙後、すぐに能動的に動けるよう、さまざまな準備を進めていたのだろう。郭への提案要請もそのひとつだった。

郭純によれば当時、郭茂林は大腸がんを患い、治療を進めていたが「父はここで李登輝総統の求めに応じなければ男がすたる、と言って奮起した」といい、かつて田中角栄首相が唱えた「日本列島改造論」の作成に参画した専門家の知恵を集約。「中華民国台湾地区計画案の骨子」として90年8月に、21世紀をみすえた国家計画をまとめあげた。

国際空港や国際金融センター、リゾート開発などのハードウェアにとどまらず、国際交流や教育研究、環境・自然生態系というソフトウェアまで膨らませた、まさに「国づくり」となる深遠な計画だった。台湾本島の広域をひとつの生活圏にするインフラ整備との提案は、その後、台北と高雄を1時間半で結ぶ高速鉄道の建設計画などに結びついた。

総統の李への上奏は、台北市内の圓山《えんざん》大飯店で90年8月7日、夕食をとりながらなごやかな雰囲気で行われたという。「父は台北市長時代から総統になるまでの李登輝さんに接し、その判断力と優れたリーダーシップに感服して、つねづね『このような人格者をトップにもつ台湾の人々は幸せだ』と羨んでいた」という。

国家建設の青写真を描くなかで、都市建設というハードのみならず、台湾の人々がいかに幸福を感じて暮らせる社会を作り上げるか、という本質的なソフトにまで踏み込んで熟慮した李と、そこに的確なアイデアを提案し続けた郭とのコンビ。あまり知られていない2人の信頼関係ではあったが、いま振り返れば台湾社会の価値を高める大きな役割を果たしたといっていいだろう。

コーネル大学博士号の金看板

台北市長に就任して3年がたった1981年。夏の暑い日だったと李登輝は記憶している。総統の蔣経国から呼び出しを受けた。

台北市内の総合病院に作られた総統専用の病室だった。持病の糖尿病が悪化し始めていた蔣は李に「あなたを次の台湾省主席にするから準備しなさい」といった。台北市という中央直轄の都市で行政経験を積ませた後、次は農村や漁村、山間部も多い台湾省（※1）という広域の舞台を李に与えようと考えた。

蔣のいう「準備」は、側近やスタッフとして誰を連れて行くかとの「人事」に関することで「あなたの腹案を私に言え。誰にも口外するな」と厳命した。

当時の台湾では、市長も省主席も任命制で、政府や軍、特務機関、さらに国民党の幹部など、人事権はほぼ蔣が握っていた。

台湾省は当時、台湾中部の山間部、南投《なんとう》市中興新村《ちゅうこうしんそん》に庁舎や議会があった。総統の退任後に、李の秘書を務めた鍾振宏《しょうしんこう》（1929〜2019年）も、中央省庁だった行政院新聞局（その後の省庁再編で外務省にあたる外交部などに分割吸収）から、李に中興新村に連れて来られたひとりだった。イスラエル代表（大使に相当）や駐日副代表（公使に相当）なども歴任した人物で、日本にも知己が多い。

その鍾によると「省主席の最大の難関は当時、77議席あった省議会とどう向き合うかだった」。省議員は地場の有力者も多く、公共工事などをめぐって利権がうごめいていた。議員1人に与えられた40分の質問時間を省主席は77人分、年2回受けねばならなかった。それでも「（李が）ダムや水路の建設計画などで現場に自分で足を運び、予算とのかねあいも考え、議員の質疑にも丁寧に対応していた」と鍾は話した。

李に言わせれば「台湾省主席の立場は農業と工業を現場から同時に成長させる大事な役目」であり、現場主義の李にとっては、数々の政策を実行する手腕をふるえる格好の場にもなった。

さらに李は、台北市長時代に始めた都市外交の応用として、台湾省という地方自治体を生かし、今度は米国の州との関係拡大に狙いを定めた。李登輝基金会の資料によれば、李の在任中に台湾省は、ケンタッキー、コロラド、ミシシッピ、ネブラスカ、アーカンソー、アラバマ、カリフォルニアの7州と姉妹関係を結んだ。

米コーネル大学で得た農業経済学の博士号が実際、李の金看板だった。「コロラド州のラム知事（当時）は（１９８３年５月に）わざわざ中興新村まで来て調印した。畜産業の相互協力も話した」と李は振り返った。7州とも農業や畜産業が盛んだ。

李登輝はこのうち、83年8月のネブラスカ州との調印で訪米している。

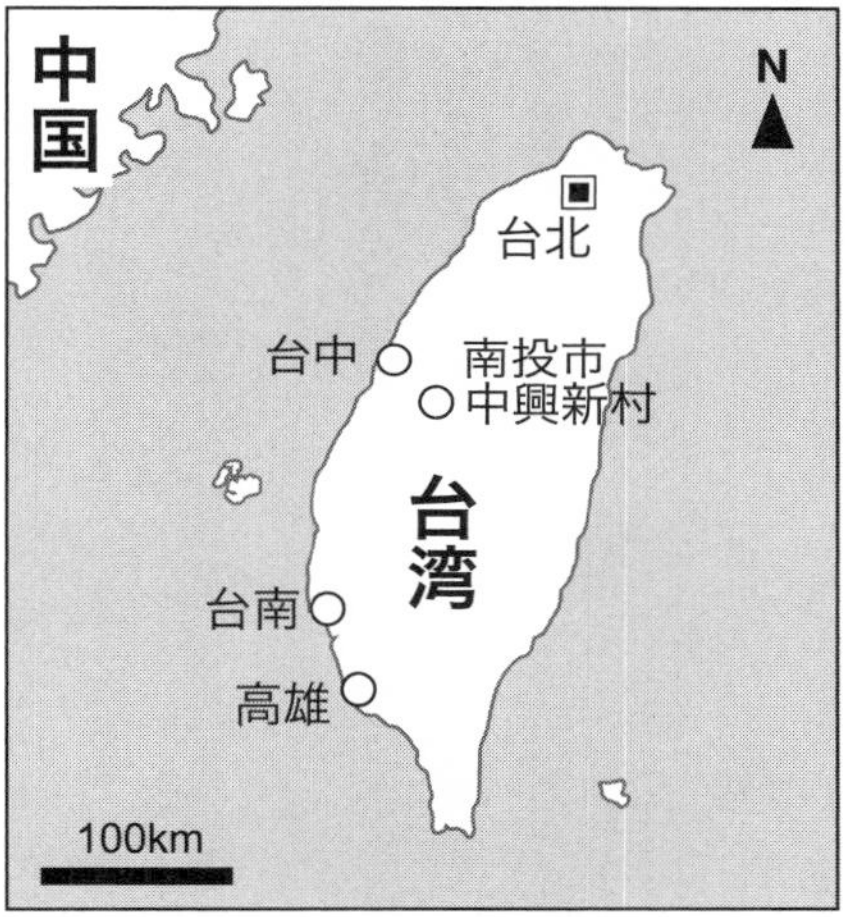

カリフォルニア州との調印は84年4月、ロナルド・レーガン（１９１１〜２００４年）の２代あとの州知事、ジョージ・デュークメジアン（１９２８〜２０１８年）の時期で、双方の議会関係者どうしが中興新村で調印した。

後に総統になる李は、中国の圧力で外交空間がせばめられるなかで、農水産や畜産の相互協力、貿易や技術協力など経済交流による実務外交を展開し、台湾の活路を模索する。その基礎はこの時期に作られたといっていい。

『千の風になって』に救われる

権力者である総統の蔣経国に守られる形で、順調に政治経験を積み始めた李登輝だったが、思わぬところから魔の手が近づいてきた。

台湾省主席への転任を蔣から伝えられた１９８１年の夏に、長男の李憲文《りけんぶん》の鼻腔《びくう》に癌がみつかった。すでに末期だと診断された。

李には50年9月生まれの長男の憲文と、その下に2人の娘がいた。新聞記者で日本語も学んだ憲文について李は「とても気が合った」とだけ短く答えた。

79年に結婚した憲文には81年8月、長女が誕生している。李登輝夫妻の初孫だ。だが憲文は82年3月、生後7カ月だった長女の坤儀《こんぎ》を残して、31歳でこの世を去る。

李登輝一家の警護を36年にわたって務めた李武男は「憲文は子供のころから聡明で両親思いだった」と話す。

李夫妻や娘たちは台湾大学病院で憲文の最期に立ち会った。「彼をストレッチャーに乗せるわけにはいかない」といって憲文を抱きかかえて霊安室まで運んだ李登輝のうしろ姿が、いまも李武男の目に焼き付いている。李武男は憲文の葬儀で、服を着せて棺桶に入れる役目まで果

最愛の父親だった李登輝と語り合う長男の李憲文＝1980年ごろ（李登輝基金会提供）

たした。

李登輝の側近だった鍾振宏によれば「台湾省議会には以前、意地悪な議員も多かったが、長男の病状を知って休会を呼びかけてくれるほど（李に）信頼を寄せるようになった」という。だが李は「公と私は区別しなければならない」とかたくなに断って、会期を続けさせた。

李は憲文と台湾社会の動向について論議するのが好きだった。80年9月に憲文は東京を訪れたとき『少数支配の法則―政治権力の構造』（新泉社）という書籍をみつけ「父が喜ぶだろう」と買い求めた上、台湾で中国語への翻訳書を出す交渉を始めたという。

中国大陸出身で少数派の外省人が支配者になった台湾社会をどうすべきか。憲文は日本の学術書の形を借り、解決策を探す努力を父に見せたかったのかもしれない。翻訳は終えたが、出版は憲文の死後だった。

一方で李は、憲文が完成できなかった大学院の博士論文をベースに、85年に私家版の書籍『台湾農地改革の村落社会への貢献』を出版している。その最初のページに大きく「この書をわが息子、憲文に捧《ささ》げる。おまえは永遠にパパの心の中にある」と記していた。

蔣は84年に李を副総統に引き上げるが、国民党の内部では当時「もう息子がいないから李登輝を重用した」などと陰口を言われることがあった。権力の世襲に違和感を覚えない中国的な発想なのだろう。台湾生まれの本省人である李の出世には、国民党内部でさまざまな嫉妬が渦巻いていた。

鍾から２００５年に李の秘書を引き継いだ小栗山雪枝（１９４４年生まれ）は07年の年明け早々、李夫妻に呼ばれた。前年暮れのＮＨＫ紅白歌合戦をテレビで見た李夫妻は、テノール歌手の秋川雅史が歌った『千の風になって』に心を動かされ、歌詞をもっと詳しく知りたいと求めてきた。

「私のお墓の前で泣かないでください」「千の風になって、あの大きな空を吹き渡っています」。台北郊外の李の自宅で、李夫妻は何度も何度も小栗山と3人でこの曲を歌った。夫人の曽文恵は「この歌を聴いてやっと考え方が変わったわ」とだけ話したという。

長男の憲文を失ってから、25年近い年月が過ぎていた。

亡命学者による米議会ロビー活動

李登輝は台北市長や台湾省主席という地方自治体の首長の立場で、姉妹提携先を海外に広げることに、国際社会での台湾の活路を見いだそうとしていた。その一方、李と親しい友人の一人で1970年に海外亡命した彭明敏《ほうめいびん》（1923年生まれ）は別の角度から、米国にアプローチしていた。

ミシガン州などで大学の教職についた彭は、米国を舞台に国民党支配からの台湾独立を訴える活動を始めて、ワシントンでのロビー活動にも情熱を注いだ。

カーター政権が77年に誕生した時期、「国務省は官僚的だったが、上下院は党派を超えて台湾に同情的な議員が多かった」と彭はいう。共産中国への反発が背景にある。

彭は上院議員のエドワード・ケネディ（1932～2009年）ととりわけ親しかった。63年に暗殺された大統領、ジョン・F・ケネディの弟だ。

彭の関心は、北京の中華人民共和国との国交樹立に米国が踏み切って、台湾の「中華民国」とは断交した場合、米国が台湾をどう取り扱うか、だった。「米国が中国と国交を結んで台湾を放棄した形になると空白地帯が（台湾に）できてしまい、（中国に）誤ったメッセージを送ることになる、と議員に説いて回った」という。

米国が安全保障上の観点から台湾を守る意志を明確に示さなければ、台湾の併合を狙う中国の軍事行動を誘発する恐れがあった。

パリで法学博士号を得ていた彭は、亡命以前から政治学者として欧米では名を知られた存在だった。彭はケネディら議員の支援を受けて70年代後半、2度にわたって台湾問題について開かれた議会の公聴会で証言し「米国と台湾の公的関係を法律で規定し直す必要がある」と主張した。

カーター政権の時代、米国は78年暮れに台湾の国民党政権に断交を通告し、79年1月1日付で中国と正式に外交関係を結んだ。予想された事態だったが、中国大陸に政権があった30年代から、軍事も経済も米国の支援に頼ってきた国民党には、改めて激震が走った。

朝鮮戦争（1950〜53年）の後、54年に台湾と結んでいた「米華相互防衛条約」も米国は破棄した。一方で米国は、彭らの働きかけのみならず国民党政権にも配慮し、議員立法による米国内法「台湾関係法」（※2）を79年4月10日に成立させた。

その16年後、私的な身分で訪米した李に反発し、95年7月から翌年3月にかけ、中国が台湾沖に演習と称して相次ぎ弾道ミサイルを打ち込む台湾海峡危機が起きた。クリントン政権は、中国への牽制《けんせい》で台湾沖に空母2隻を派遣し、沈静化させた。

李は当時の軍事緊張について「『台湾関係法』で米国が背後にあり、空母を台湾に派遣して中国に見せつけて、（中国が威嚇の矛を収める）あの状態になった。当時がいい例だ」と振り返った。台湾関係法がなければ、95年から96年にかけ、台湾が戦火に包まれた可能性は否定できない。

米国は断交後も同法に基づいて台湾に、F16戦闘機や地対空ミサイルなどの武器供与を続けている。トランプ政権は2019年7月8日、M1A2Tエイブラムス戦車108両や携帯型地対空ミサイル「スティンガー」250発など、総額22億ドル（約2400億円）相当の武器売却を承認している。

安全保障に深く関与したレーガン

李登輝が台北市長としてロサンゼルスなどとの姉妹都市提携のため3回、訪米したころのこと。台湾から1970年に米国に亡命した政治学者の彭明敏は、旧知の李との米国での再会は避けてきた。李が、統治者である国民党の側にいたからだ。

一方、彭は70年代後半、首都ワシントンで元カリフォルニア州知事のロナルド・レーガンの知遇を得ていた。

議会でロビー活動を繰り広げていた時期、「アジアの安全保障に関心の高い有力者」と紹介を受けた。

彭は「ホテルのスイートルームに招き入れてくれたレーガンは、温かみのある人物だった」と話す。レーガンは李登輝とは面識がない。台湾をめぐる事情もほとんど知らなかった。だが彭によると、国民党政権が49年から台湾で続ける戒厳令や「白色テロ」と呼ばれた政治弾圧、さらに中国からの軍事脅威などに強い関心を示していたという。

その後、大統領選で勝利し、81年1月に就任したレーガンは翌年、「台湾関係法」についての「6つの保証」を確認した。台湾への武器供与で中国側と事前協議しない、供与停止期限を設けないなど「台湾関係法」を補強する内容だ。

彭は「私が訴えた窮状だけではないにせよ、レーガンが台湾の安全保障にかくも深く関与してくれるとは思わなかった」と話す。

そもそも同法には、国民党政権に民主化を促す「しかけ」が盛られていた。

二松学舎大学教授だった伊藤潔《きよし》は著書『台湾』（中央公論新社）で、2点を指摘した。まず「台湾（本島）と澎湖《ぼうこ》列島」が同法の適用範囲であり、離島の金門、馬祖《まそ》には及ばないことだ。国民党政権が実効支配しているこれら離島は、中国大陸に近接している。

国民党政権の台湾が称する「中華民国」の実効支配地域とはエリアが異なる。しかも同法は「米政府と台湾統治当局（Authorities on Taiwan）」との取り決めだ。「中華民国」でも「中国国民党」でもない。

伊藤は「国民党の後継政権を視野に入れて、その政権の下でもこの法律を適用させる意図があるのは明らかだ」と書いている。

次に「すべての台湾住民の人権を守り、これを促進する米国の目的を表明する」との条項を盛り込んだこと。「国民党政権より台湾住民と米国の関係に重点を置いた」とみている。

同法が明示したこれらの認識は、彭ら在米の台湾人活動家らのロビー活動の成果といえ、レーガンの行動にも結びついた。蔣経国体制への米国からの民主化圧力は、一段と強まる。

蔣の死後、88年に李登輝総統が誕生した。92年には台湾の最高裁が海外に逃れた活動家の「政治犯」との罪状を取り消して、彭は22年ぶりに台湾に戻った。

李と再会した彭は「米国でだれと会って何を話したか、ロビー活動についても何も話さなかった」という。台湾大学の学生時代から親しかった2人。李も何も聞かずじまいだった。

ただ、彭は帰台後しばらくして、李が90年に行われた国民党政権の重要会議の席で「彭明敏は本当の愛国者だ」と発言していたことを知った。米国で台湾関係法の背後にいた彭について「李登輝は情報当局の報告で米国での活動をみな把握していた」と笑う。

現役総統の蔡英文は2018年8月に中南米を訪問した際、経由地の米国で、ロサンゼルス郊外のレーガン記念図書館を訪れ、「6つの保証」などレーガンが行った台湾政策に改めて謝意を示している。

民主化を暴力で求める矛盾

1970年代から80年代にかけ、米国は台湾の民主化に関心を深めていく。そこには蔣経国がからんだ米国での2件の暗殺事件も影響した、と考えられる。

最初の事件は70年4月24日、ニューヨーク中心部のプラザホテル前で起きた。国民党政権からの台湾独立を留学先の米国で訴えてきた台湾人の黄文雄《こうぶんゆう》（1937年生まれ。日本在住の評論家の黄文雄とは別人）が、訪米した蔣をホテルの正面で隠し持った拳銃で狙撃した。

弾はそれて蔣にけがはなく、黄と共犯者の台湾人1人が逮捕された。当時の蔣は行政院副院長（副首相に相当）だったが、政治弾圧の「白色テロ」を仕切った特務機関の警備総司令部で強大な力を持っていた。

暗殺未遂事件を聞いた李登輝は当時、「正直、肝を冷やした」という。蔣に銃を向けた黄は、李が65年から68年まで夫人の曽文恵を伴ってニューヨーク州イサカのコーネル大学に留学した時代、自宅をよく訪ねてきた留学生の一人だった。李夫妻は奨学金の中から工面して、当時はまだ少なかった米国での台湾人留学生を集めては、ビーフステーキをふるまうことが多かったという。

李は黄らとの政治的な結びつきはなかったが、台湾は当時、わずかな嫌疑でも逮捕される時代だった。だが「李登輝は幸運だった」と、日本で台湾独立運動をしていた黄昭堂《こうしょうどう》（1932～2011年）は話した。69年に蔣が警備総司令部に命じて李を連行。李の身辺調査を終えていたからだ。「蔣は登用を決めていた李を守った」と黄は考えていた。

黄はさらに「この暗殺未遂事件で米国は、国民党政権の独裁に対する台湾人の強烈な不満を、強く意識し始めた」と話した。

ただ、李は「台湾独立のためだというなら、あんな手（暗殺）は使うべきでない」と切り捨てた。「民主化を暴力的な手段で求めるのは矛盾」との考えだ。独立運動家と現実主義の政治家との基本的な理念の決定的な違いかもしれない。

さらに強烈な事件は、84年10月15日に起きた。中国大陸生まれで、米国籍の江南《こうなん》（本名・劉宜良《りゅうぎりょう》）がカリフォルニアの自宅で51歳のとき、台湾の暴力団組織に射殺された。江は蔣経国の暗部を暴露した『蔣経国伝』を出版したばかりだった。

米捜査当局は射殺犯と台湾情報当局の会話録音テープを入手していた。このとき総統になっていた蔣経国の政権に、米国は武器供与の停止までチラつかせながら解決を迫った。米国籍の人物が米国内で、台湾当局に関係する人物によって命を奪われたとなれば、看過できないのは当然だ。

国民党政権は結局、実行犯の身柄は米国に引き渡さず、暴力団組織の犯行として台湾で裁いた。暗殺は蔣の次男、蔣孝武（１９４５～91年）が命じたともいわれたが、真相はいまも闇の中だ。

２つの暗殺とは別に、81年７月には、米国で国民党政権を批判していたカーネギーメロン大学助教授の陳文成《ちんぶんせい》が、台湾帰省中に特務機関である警備総司令部の尋問を受けた上、台北の台湾大学構内で31歳の若さで惨殺された遺体がみつかった事件も起きた。みせしめといえたが、迷宮入りになった。

一連の血なまぐさい事件が米国をいらだたせたようだ。伊藤潔著『台湾』によると、大統領のレーガンは86会計年度の「国防権限法」にこう明記させたという。

「台湾での民主化運動の発展は『台湾関係法』を継続するための支えだ。力強く前進するよう、米国は台湾統治当局に勧告する」

伊藤は「これが後日の台湾における民主化に大きく寄与した」と書いた。

「明らかに独裁政治の終わりだ」

米国が１９７９年４月制定の「台湾関係法」を通じて、独裁的な国民党政権に民主化要求を強めたのと時期を同じくして、台湾内部に鬱積《うつせき》していた政治弾圧への不満と怒りのマグマも噴火の時を迎える。

この年の12月10日に起きた「美麗島《びれいとう》事件」だ。事件があった高雄市は南部の港湾都市として商業で活気にあふれ、李登輝が79年の当時、市長を務めていた政治都市の台北とは対をなす中央直轄市だ。日本なら東京と大阪、中国なら北京と上海の関係に似ている。

事件の名は同年８月に創刊されていた月刊誌「美麗島」にちなむ。独裁体制に反発し、民主化を要求してきた人物が集まって編集した政治雑誌だった。その発行元が世界人権デーの12月10日に呼びかけた高雄でのデモに、約３万人の台湾人が集まった。だが、蒋経国政権は集会を違法として憲兵隊まで動員し、弾圧した。

１９４９年に敷かれた戒厳令がなお続いていた時期だ。首謀者として８人（うち女性２人）が叛乱罪《はんらんざい》で軍事法廷にかけられ、１人には無期懲役、７人には懲役12年から14年が言い渡された。

雑誌発行元の幹部で懲役12年の判決を受けた弁護士の姚嘉文《ようかぶん》（１９３８年生まれ）は取材に「美麗島事件こそが台湾の民主化、本土化、現代化、国際化の分岐点だった」と振り返った。

姚らの要求は、まず戒厳令の解除。そして国民党政権が台湾に渡ってくる以前から、中国大陸で選出した各省代表が立法委員（国会議員に相当）として固定されたままの立法院を、台湾で改選することだった。

軍事法廷で姚の弁護士になった謝長廷《しゃちょうてい》（1946年生まれ）は「姚個人のためではなく台湾の民主運動のために（弁護を）引き受けた」と弾圧された時代を振り返った。国民党の独裁政権への反発や民主化への渇望は、悲愴《ひそう》的なまでに民衆の間に広がっていた。

戒厳令の解除など、事件時の要求は民主化の過程でいずれも現実のものとなるが、最大の影響は、台湾初の野党になった民主進歩党が86年9月に結成される基礎を作ったことだろう。

謝や陳水扁《ちんすいへん》（1950年生まれ）ら被告の弁護を務めた人物を中心に、一部で民選が始まっていた台北や高雄の市議会選や台湾省議会選などで無党派として80年代に当選し、野党結成への準備を密《ひそ》かに進めた。

84年に副総統になっていた李登輝は、蔣経国の密命を86年2月に受け、台湾初の野党結成を陰で見守ったという。「明らかに独裁政治の終わりだと思った。（密命を下した）蔣経国総統もそう考えていたでしょうね」と明かした。

姚ら叛乱罪で重罪に問われた8人は、副総統時代の李の奔走で、いずれも減刑されて出所した。謝は後に行政院長（首相に相当）などを経て、台北駐日経済文化代表処の代表（駐日大使に相当）を務めている。陳は2000年に民進党が初めて国民党から政権を奪い、総統になった。

姚は陳政権の時代、公務員の採用などを行う考試院の院長に就任した。他の7人も民進党や政権の幹部となって活躍の場を得る。総統府秘書長（官房長官に相当）として総統の蔡英文を支えている女性の陳菊《ちんきく》（1950年生まれ）もその一人。「万感の思いだ」。姚は79年に起きた事件を振り返って、改めてこう話した。

台湾人の支持がなければ命脈も尽きる

「李登輝同志を中華民国の第7代副総統候補人とする」。1984年2月15日のことだ。台北郊外の陽明山にある会議場、中山楼で開かれた国民党の重要会議で、総統であり、国民党主席でもある蔣経国は、こう発言した。

この時、61歳だった李の党歴は12年あまりと、浅かった。だが蔣は、台北市長や台湾省主席という地方行政トップに続き、李を政府のナンバー2の副総統まで引き上げようと考えた。人事を含め、政府を党の支配下に置いた構図は、現在の中国と、うり二つだ。

李は会議が始まる30分ほど前、控室にいた蔣に呼ばれた。「蔣総統から弱々しい声で『今日、あなたを副総統に指名する』と告げられた」という。蔣は糖尿病が悪化し、ベッドに横たわっていた。だが李は「私は力不足で、責務を負いきれません」と固辞した。

並みいる古参党員を飛び越えて、副総統の椅子に座ることなど李には想像もできず、固辞は本心からだった。しかも行政院長など中央政界で要職に就いた経験もない。

李の言葉をさえぎるように蔣は語気を強め「君にやらせると決めたんだ。できるだけ長く副総統をやってくれ」と畳みかけた。

そのとき李は覚悟を決めたという。「そこまで信頼されるなら、蔣総統のため全力で補佐しなければならないと思った」からだ。

一方、中国大陸出身の外省人が中枢を占めていた国民党では、台湾出身の本省人である李の出世をめぐって嫉妬や憎悪が一段と増幅し、こんな作り話まで飛び交った。

なぜ李登輝が副総統に選ばれたか。蔣経国がトイレに入った際、秘書長がドアの外から「総統、次期の副総統はどなたですか?」と尋ねた。蔣は故郷の浙江省なまりの中国語で「你等一会（ニードンイーホイ＝ちょっと待ってくれ）」と答えたが、秘書長は蔣の発音から「李登輝（リードンホイ）」と聞き間違えて重要会議の議題にあげた。

蔣の意中の人物ではなかったが何かの手違いで李が選ばれた、との揶揄《やゆ》だった。

結局、権力者の蔣が決めた人事に逆らう動きは党内から出ず、形式的な選挙を経て84年5月20日に、李は副総統に正式就任する。

蔣の考えが、より明確になったのは翌年のこと。

85年12月の会議で「蔣家の人間が今後、総統になることはない。軍による統治が出現することもない。私も台湾人だ」と蔣は明言した。

李は「蔣経国が私を総統にまでするつもりだったのかどうか、確かめようがない。ただ、政権に信頼できる台湾人を登用し、台湾化と民主化によって台湾で幅広く支持されなければ、国民党の命脈も尽きると蔣経国は考えていたのだろう」と話した。

米国からの民主化要求や美麗島事件など民衆の反発も、その背景にあった。

同時にこのとき、蔣が中国大陸の全土をいずれ奪回するという父親の蔣介石時代からの無謀な方針であった国民党の建前を捨て去り、現実路線に政治のカジを切ったのは明らかだった。李の副総統への登用はその象徴でもあった。

蔣経国は86年9月に初の野党結成を容認し、87年7月15日、38年間も続けた台湾での政治弾圧のための戒厳令を解除。88年1月1日には報道の自由も認めている。

李は「あの時期の蔣総統の矢継ぎ早の決断がなければ、その後の民主化は困難だったろう」と振り返った。確かに時代は急速に動いたが、同時に蔣の病状も急激に悪化していった。

国民党主席の座を狙った宋美齢

1988年1月13日の午後、副総統の李登輝に、秘書から「直ちに七海にお出かけください」と伝言があった。「七海」は総統の蔣経国の公邸を意味した。

ただ、李はそのとき台北市中心部の総統府で、米下院議員のウェス・ワトキンス（1938

年生まれ）と会談しており「離席などできなかった」という。

七海は総統府から車で20分ほどの市北部に位置している。会談を終え、急いで李が公邸に到着したのは午後4時すぎ。「蔣総統は亡くなったばかりだった」と話す。77歳だった。糖尿病は悪化していたが「本人はまだ当分、総統を続けるつもりで、私もまさか急死すると思わなかった」。

高雄の陸軍士官学校を卒業した86年、蔣の警護チームに加わった王燕軍《おうえんぐん》（１９６２年生まれ）によると、蔣はこの日の昼ごろ病院に出かけるはずだったが「午後１時半か２時ごろ、（病院行きが急遽）取りやめになって、その後、高官が何人も七海にやってきた」と話した。蔣は糖尿病が悪化しても公邸にとどまり、ぎりぎりまで入院を避けようとしていたのだろうか。だが、死は突然、訪れた。

李はいまでも、蔣の最期に立ち会えなかったことを残念がる。蔣は国民党や政府、軍、特務機関まで最高権力を握ったまま、「遺言も私への指示も何もなく逝《い》ってしまった」からだ。後継者は誰か。民主化の兆しはあったが、独裁崩壊後の権力委譲について、何も決まっていなかった。

唯一の救いは、75年4月に蔣経国の父親、蔣介石が総統のまま死去した際、憲法に従って副総統だった厳家淦《げんかかん》（１９０５～93年）が総統に昇格した前例があったことだろう。

七海を後にした李は、その日の午後8時すぎ、総統府で宣誓し「第7代中華民国総統」に就任した。ただ李は実のところ、蔣経国が残した総統の任期2年4カ月の代行にすぎず、「権力の空白」が生まれた。副総統職は空席になった。

その日のうちに警護チームは、新たに総統に就任した李登輝を軸に再編される。王はこのとき、100人ほどの部下を率いており、「(あの日は)緊張した」とだけ話した。最高権力者の突然の死去と、憲法に基づく権限の即日移譲という緊迫した事態だった。

総統の李がまず直面したのは、蔣介石の夫人、宋美齢《そうびれい》(生年は1898年など諸説あり、2003年に死去)からの圧力だった。

李によると「宋美齢はすぐに国民党の秘書長だった李煥《りかん》(1917~2010年)を通じ、国民党主席を誰にするかは、しばらく先延ばししよう、と伝えてきた」という。あまり人に言ったことはない、と前置きした上で「自分が国民党の主席になりたい、という宋美齢の気持ちの表れだった」と李は明かした。

蔣経国は蔣介石の長男だが、宋美齢と血のつながりはなく、関係は良くなかった。宋美齢はむしろ蔣経国の死去を奇貨にして、夫だった蔣介石の威光もバックにしながら党主席の座を得て、総統も政府も軍も、全て支配できる最高権力を握ろうと考えたのだろう。

対する李はしかし、「突然、総統になったが、権力も派閥も何もない、カランカランの状態だった」と当時を振り返った。台湾出身である本省人の李の最大の弱点は、蔣経国という後ろ盾を失った時点で、中国大陸出身の外省人が中枢にいた国民党の内部に、なんら権力基盤をもっていなかったことだ。

宋美齢は、李煥ら外省人の有力者を集め、李登輝に権力を渡さぬよう政治工作を急ぐ。熾烈《しれつ》な権力闘争は、蔣経国の突然の死から始まった。

（※1）**台湾省**（161頁）

台湾が称する「中華民国」の地方自治体のひとつで、台北、高雄など直轄市を除く台湾本島の広い地域をカバーした省。中部の南投市中興新村に省政府を置いていた。台湾省とは別に金門など中国大陸に近い離島は福建省と位置づけていた。中国大陸も自らの領土であり、台湾はその一部にすぎないと主張した虚構の産物で、台湾においては行政面で事実上の二重構造となった。李登輝政権の憲法改正で1998年12月、自治体としての機能を停止した。これとは別に、台湾も自国領土の一部と主張する北京の「中華人民共和国」は、広東省や福建省などと同列とみなして「台湾省」と現在も呼称している。

（※2）**台湾関係法**（168頁）

台湾への防衛的な武器の供与などを定めた18条からなる米国の国内法。台湾への武力行使や圧力の排除も盛り込んだ。事実上の米台軍事同盟で、台湾併合を狙う中国を牽制した。議員立法で1979年4月10日に成立したが、発効日は中国と国交を結び台湾と断交した同年1月1日にさかのぼった。トランプ政権は同法に基づき2019年8月、台湾へのF16戦闘機66機の売却を承認した。台湾への武器供与で過去最大規模という。このとき台湾への戦闘機売却は約27年ぶりだった。

第6章

薄氷を踏む新任総統

「民主化デモに危害を加えるな」

1988年1月13日、蒋経国《しょうけいこく》が糖尿病のため77歳で死去し、副総統だった李登輝《りとうき》が憲法の規定で同日、台湾の総統に昇格した。李はこのとき64歳。秀でた農業経済学者として蒋の目に留まり、72年に閣僚ポストについてまだ16年目のことだ。しかも中国大陸出身の外省人が大半の国民党政権で、台湾出身の李には派閥も権力基盤も何もない。追い落としを狙う政治勢力に四方を囲まれていた。李は薄氷を踏む思いで新任総統の役目を果たし始めた。

90年3月18日のこと。台北の台湾師範大学に留学していた吉田信解《しんげ》（1967年生まれ）は、市内の中正紀念堂《ちゅうせいきねんどう》前の広場で、学生らが座り込んだデモの現場にいた。取材に来た日本の雑誌記者に案内を頼まれた。現場について「民主化を求める〝うねり〟をこの肌で感じた」という。

中正紀念堂は国民党の独裁者で75年4月に死去した蒋介石《しょうかいせき》（蒋経国の父）の顕彰施設。その正面で、台湾大学の学生10人ほどが3月16日に始めた異例の抗議だ。87年7月の戒厳令解除以前なら、銃殺もあり得た反体制活動だった。

何十年も改選されない「国民大会の代表退任」、民意を政策に反映させる「国是《こくぜ》会議の開

台北の中正紀念堂前の広場で民主化を要求した学生デモ「野百合学生運動」の現場に立つ吉田信解（右）＝1990年3月18日（吉田信解提供）

催」など4つの要求を政府に突きつけた。他の大学の学生も広場に続々と集まってきた。北京で89年6月、学生らが民主化を要求した抗議デモ「天安門事件」にも強い刺激を受けていた。天安門広場では学生が軍に武力弾圧され、多数の死傷者が出た。

90年3月の台北、学生に加え、野党の民進党が市民らにも呼びかけて政治集会も開き、中正紀念堂に集まってきた人は数日で数万人に膨れ上がっていた。

吉田は「（台湾当局が称する）中華民国の『青天白日満地紅旗《せいてんはくじつまんちこうき》』をデモ隊が広場で燃やすなど緊迫した場面も目撃した」と話す。

ただ「警官隊はデモを遠巻きにするだけで制圧の動きをみせず、身の危険は感じなかった。日本の演歌がスピーカーで流れたり屋台が出たりして、不思議な雰囲気の平和的なデモだった」という。埼玉県の本庄市長となった吉田は当時撮影した現場の写真を見せながら、こう振り返った。

当時、台湾で警察を監督する内政部長（内政相に相当）だった許水徳《きょすいとく》（1931年生まれ）は「実はあのとき、李登輝総統から直接、『警察隊はデモ学生らに対し絶対に危害を加えてはならない』と厳命されていた」と明かした。

88年7月、内政部長に就任した許は、李から「日本の警察官僚だった佐々淳行《さっさあつゆき》（1930～2018年）に内密に連絡し、台湾で大規模なデモが発生した場合、警察がいかに対処すれば安全に収められるか教えを請うよう命じられていた」と話す。李は時代の空気から、民主化要求のデモが起きる事態を予測していた。

許はツテを頼って、佐々を何度か、都内のホテルに訪ねた。佐々は当時、内閣安全保障室長だった。「彼はデモ隊に1人の死者も出してはいけない、と細かく教えてくれた」。報告を聞いた李は、佐々の助言を忠実に守るよう指示した。許は90年3月のデモで、佐々の教えを生かしていた。

李は取材に「当時の学生の民主化要求は十分に理解できた」と答え、「話し合い」こそ解決の道だと考えていた。李はデモ発生の直後、「学生から直接、話を聞きたくて車で中正紀念堂まで行ったが、警備に制止されて降りられず、やむなく窓からながめた」と明かした。「台湾でも3月はまだ寒い。学生の健康が心配だった」という。李はその後、学生代表に総統府に来て対話するよう求めた。

台湾で戦後初めてだった90年3月の学生が中心の大規模デモは「野百合《のゆり》学生運動」などと呼ばれた。

台北の中正紀念堂前の広場で座り込みに参加していた李明峻《りめいしゅん》（1963年生まれ）は「反政府というよりも、中国大陸出身の守旧派への反発が爆発したデモだった」と振り返った。

数十年も改選されずにいた「万年代表」ばかりの国民大会（※1）で、代表任期をさらに延長する提案が行われたことも火に油を注いだ。

台北北部の淡江《たんこう》大学で大学院生だった李明峻によれば、デモ現場を総統の李登輝が心配そうに見に来て立ち去ったとの目撃談が学生の間に伝わった。「デモ現場では口に出さなかったが、李登輝に好感を示す学生が増えたように思う」という。

政権側の最高権力者ながら、台湾出身で初の総統となった李登輝の政治改革への期待が学生の側に芽生えて広がったのも、このデモがきっかけだった。

李登輝からの呼びかけに応じ、学生の代表53人が総統府を訪れたのは3月21日の夜8時過ぎだった。李登輝は「1週間近く雨の日も座り込みを続け、なかにはハンガーストライキをした学生もいて、健康状態を心配した。1時間あまり代表の要求を聞き、民意をくみ取る国是会議の開催を約束したんだ」と話した。

総統府でのやりとりの様子はビデオ撮影され、その日の深夜になってデモ現場で投影された。学生らデモ参加者は結局、李登輝の言葉を信じ、ほとんど混乱も起きぬまま静かに解散した。

2001年出版の『李登輝執政告白実録』（印刻出版）で、政治記者である著者の鄒景雯《すうけいぶん》は「1990年3月の『三月学運（野百合学生運動）』が結果的に、守旧派との政治闘争を繰り広げる李の民主改革を加速した」と論評している。民主化を求める学生の真意をくんだことが、結果的に若者らを味方につけたというのだ。

完全に対照的だったのが、1989年6月の天安門事件や、2019年に香港で起きた中国への容疑者の引き渡しを可能とする「逃亡犯条例」改正案を発端とした学生らの抗議デモに対し、中国共産党政権がとった弾圧の手法だった。

台湾では香港デモが激化した時期に、警察隊の摘発から学生らを守るためのマスクなど、支援物資提供、資金カンパが各地で繰り広げられた。1990年3月に野百合学生運動を経験した50代の台湾人知識層がリードし、2014年3月のヒマワリ学生運動に参加した台湾の若者も香港のデモに共感を示した。

2019年は幾度となく香港支援のデモ行進が台湾で行われ、香港のデモで負傷したり逮捕されたりした若者を支援するとともに、政府に対する抗議の自殺をした若者らを悼む式典が、台湾のキリスト教関係者によっても開かれた。

香港警察がデモ隊に向けて至近距離から実弾を発砲するなど、深刻な事態に発展したが、その背後にいる共産党政権の圧政は、台湾にとって対岸の火事ではない。今日の香港は明日の台湾の姿だとの思いも募った。

宋美齢の政治圧力「Listen To Me」

台湾は戦後、絶対的な権力者だった蒋介石と蒋経国の親子を頂点に中国大陸出身の外省人が支配層にいた。蒋経国の死で台湾出身の本省人、李登輝が１９８８年1月13日に総統に昇格したのは、実のところ偶然でしかなかった。

李は「『総統でございます』と言ったところでだれもが面従腹背だ。実権もなにもない形ばかりの総統だった」と振り返った。

ただ、李は政務委員（無任所大臣）に引き上げられて15年以上、蒋の中国人的な政治手法と人心掌握術を近くで黙ってみてきた。これだけが財産だった。

就任翌日から「蒋経国だったらどうするか（と考えた）。ここは忍耐のしどころ。総統として仕事をする時機が来るまでは、頭を下げ続けるしかない」と自分に言い聞かせ、影響力のある長老を訪ね歩いた。

国民党政権は党を軸に政府、軍、特務機関のあわせて4組織を権力構造の基盤としていたが、そこに長老が陰に陽に口をはさんできた。

李はさらに、蔣の遺体が安置された台北市内の忠烈祠《ちゅうれつし》に毎日、頭を下げに出かけた。「李登輝の独自路線などない。蔣経国が敷いた路線をそのまま引き継ぎますよ、との姿勢を見せるためだった」という。台湾人総統への反発をいかに抑えるかが李の狙いだった。

一方、「李登輝が総統になるのは仕方ないが、台湾人には実権を渡さない」と考える大物が台湾に戻ってきた。蔣経国の父である蔣介石の夫人、宋美齢《そうびれい》だ。

経国は宋が生んだ子供ではなく2人は不仲。宋は米ニューヨークに居を構えていた。宋の生年は1898年など諸説あるが、李の総統就任時は90歳前後だ。李は「国民党主席の人選は先延ばしにせよ」と伝えてきた宋が党主席の座を狙っている、と受け止めていた。

中国の共産党政権と似た構図で、国民党政権も台湾で党を政府の上に置いていた。党の決定が絶対だった。このため国民党党主席は総統を操る権力もあった。

介石の75年の死去で総統に昇格した厳家淦《げんかかん》（1905~93年）の78年までの政権も、政治的な実権はすべて党主席を介石から継いだ経国の手にあった。軍も党が完全に掌握していた。

だが、総統就任後に主席代理となった李は外省人の若手を側近にする一方、低姿勢で長老ら有力者を味方につけ、88年7月に正式に国民党主席の座を得た。

「かつて蔣介石の夫人として傍若無人だった宋美齢への反感から、李登輝に加勢した長老も多かった」と党の関係者は説明した。

総統の李登輝と握手する蔣介石夫人の宋美齢（左）＝1988年7月8日（李登輝基金会提供）

だが、宋はその後、巻き返しを図る。李は89年暮れ、参謀総長の郝柏村《かくはくそん》（1919〜2020年）を国防部長（国防相に相当）に昇格させ、軍組織から引き離す策を練った。昇格は一見、出世にもみえるが、文民統制の原則で郝は軍服を脱がされ、軍への関与は限定される。

郝の人事案を聞きつけた宋は李を呼び出し、「郝を参謀総長にとどめよ」と求めてきた。宋は腹心だった郝を通じ、軍への影響力も維持していた。宋は「Listen To Me（私の話を聞きなさい）と英語で言った。命令するとの意味だろう」と李はいう。

ただ、上海語が交じる宋の中国語の発言はよく聞き取れない、との理由で李は「内容を書面で書いて送るよう頼んだんだ。（李に政治圧力をかけたとの）証拠を残そうと思ってね」と明かした。

書面は総統府に届いたが李は結局、宋の「命令」を無視した。宋はその後、台湾を離れ、2003年10月23日に米国で死去した。

暁のクーデター「李登輝おろし」

1988年1月に急死した蔣経国が残していた総統の任期は約2年4カ月。その間、李登輝はいわば代理総統の立場だった。

代理総統から選挙で選ばれる正式な総統になるべきか。李は「迷った」と明かした。農業経済専門の学者で、政治的野心はない。しかも、蔣に重用された李への嫉妬《しっと》や敵愾心《てきがいしん》から、国民党内の守旧派は新聞を利用して中傷記事を流す工作など、圧力をかけてきた。

さらに「家に帰ると家内が泣きながら『総統を続けることはやめて』と懇願した」と李はいう。中傷記事は、夫人の曽文恵《そうぶんけい》ら家族もやり玉に挙げ始めていた。

一方、89年は世界中で民主化を求める激流が起きていた。東西冷戦の象徴だった「ベルリンの壁」崩壊を契機に、東欧で共産党の独裁政権が相次ぎ倒れた。弾圧されたものの、北京で起きた「天安門事件」は中国の学生も民主化を渇望していることを明確にした。

台湾も時代に押し流され始めていた。李に政治家の帝王学を授けた蔣は野党の容認や、戒厳令の解除、報道の自由など、民主化の基礎を作って世を去った。

李は「あの時、台湾で民主化の流れを止めてはならない、いくら苦しくとも台湾の未来を考えれば、ここで使命を投げ出すわけにはいかないと考えた」と話した。

その上、流暢《りゅうちょう》な日本語で「かくすればかくなるものと知りながら、やむにやまれぬ大和魂」との吉田松陰《しょういん》の歌も付け加えた。「やむにやまれぬ」気持ちが李を突き動かしていた。

次の総統選挙は90年3月で当時はまだ、国民党政権が中国大陸にあった48年に設置した「国民大会」が間接的に選ぶ制度だった。

李は総統府秘書長（官房長官に相当）に引き上げていた外省人の李元簇《りげんぞく》（１９２３～２０１７年）を副総統候補に指名していた。

党内の守旧派との「省籍矛盾」をあおらぬよう、中国大陸出身者とコンビを組む考えだったが、守旧派の多くは李元簇では役不足と考え、承服しなかった。

鄒景雯著『李登輝執政告白実録』によると、李登輝が89年暮れに国防部長にした郝柏村が、行政院長（首相に相当）の李煥《りかん》（１９１７～２０１０年）と「李登輝おろし」を画策する。

90年1月31日、党の中央常務委は李登輝を総統選で公認候補に決めた。2月11日に党は臨時中央委員全体会議を開いて、副総統候補を確定する手順だった。

だが、郝らが練ったのは副総統候補を決める投票方式を2月11日の朝になって、従来の「起

「李登輝おろし」を画策して国民党の臨時中央委員全体会議に出席した国防相の郝柏村（前列左から２人目）＝1990年2月11日（李登輝基金会提供）

立方式」から「無記名投票方式」に突然、変更させる工作だった。起立方式は反対した人物の記録が残り、投票の結果次第では後日、人事などで報復されると考えたのだろう。

郝らは、守旧派が過半だった党の中央委員に根回しし、当日になって無記名投票への切り替えと、副総統候補の否決、さらに1月の党中央常務委での李登輝の総統候補決定を覆す投票を行うよう準備していた。

だが、その前日夜、郝らの工作に気づいた李登輝と側近は明け方にかけ、新聞やテレビに動きの一部をリークし、報じさせた。このとき国民党で李の側近として力を発揮し、李を助けたのは中国湖南省生まれの外省人、宋楚瑜《そうそゆ》（１９４２年生まれ）だ。宋はその後も李と極めて近しい関係にあったが、後に袂《たもと》を分かつことになる。

2月11日朝の報道をみた中央委員約１７０人の多くは、無記名投票に賛成すれば世論の反発を招くと観念し、結局は従来の起立方式で、すんでのところで李登輝と李元簇の正副総統候補が決まる。

郝らが思うほど守旧派も一枚岩ではなかった。李登輝は「あれは暁《あかつき》のクーデターだったな」と話した。

「代理総統」からの脱皮

李登輝を台湾総統から引きずり下ろそうと、国防部長の郝柏村らが画策した1990年2月11日の「暁のクーデター」は失敗に終わった。だが、郝ら国民党の守旧派はあきらめてはいなかった。

国民党の臨時中央委員会全体会議で李登輝が総統、李元簇が副総統の候補者には決まったが、正式には3月21日に開かれる「国民大会」の選挙を待たねばならない。

郝らは、このとき代表が714人いた国民大会で過半数の支持を勝ち取れば、結果をひっくり返せると考えた。

対抗馬に担ぎ出そうとした候補は林洋港《りんようこう》（1927～2013年）だ。林は李登輝よりも早く党内で頭角を現した台湾出身の本省人で、李登輝が歴任した台北市長、台湾省主席のいずれも、林が前任者だった。

しかし、総統だった蔣経国が84年に李登輝を副総統に引き上げ、林は出世レースで追い抜かれていた。

「林洋港の政治的野心が強すぎると蔣経国は警戒したんだ」と李登輝はいう。

中国大陸出身の外省人ばかりの守旧派は、あえて対抗馬に本省人の林を選んだ。その背景を二松学舎大学教授だった伊藤潔《きよし》は「李登輝情結（深層心理）」との言葉で説明している。

戦後台湾で40年以上も外省人が支配層を占め、半ばあきらめムードだった本省人の考えが、李登輝の88年の総統就任でガラッと変わり、政治参加への関心を持ち始めた時期だった。人口の80％以上を占める本省人が主体性を持ち始めた意識変革は、守旧派も無視できない転換期となっていた。

郝らは、林とコンビを組む副総統の候補に、蔣介石の養子で軍出身の蔣緯国《しょういこく》（1916～97年）をあてた。こちらは蔣一族を巻き込むことで、権威付けを狙う作戦でもあった。

一方で李登輝は「水面下で政治工作した郝柏村にとって、林洋港も蔣緯国もただの操り人形だった」とみていた。その上、李登輝は「票は固めていた。勝算があった」と話す。総統就任の直後から国民党の長老ら有力者のみならず、高齢だった国民大会代表のところにも低姿勢で訪ね歩いてきた。

当初は薄氷を踏む思いの新任総統として、一人でも理解者を増やしたいとの考えが李登輝にはあったが、それが総統選で「結果的に票に結びついた」と話す。

李登輝によると、担ぎ出された林と蔣緯国のコンビが事前に得た代表の支持は約180人にすぎなかった。長老らの説得の結果、林は3月9日になって出馬断念を表明する。3月21日の国民大会の投票で、641票を李登輝と李元簇の正副総統候補が得て当選した。

当時の動きについて、郝は2019年8月、満100歳の誕生日に出版した『郝柏村回憶録』（遠見天下文化出版）で「1期（当時は任期6年）だけ務めて次は総統の座を譲ると約束して林洋港に出馬を断念させた李登輝は、その後、前言を翻して（1996年以降も）総統を続けた」と批判した。

郝は「（90年当時の総統選に）私は介入したことなどない」とも書き、無関係と主張したが、むしろ悔しさをにじませた格好だ。

実際は、林の出馬断念よりも前に李登輝は票を固めており、林に何かを約束する必要はなかったはずだ。

ただ当時、誰もが驚いたのは、選挙を経て代理総統から脱皮したはずの李登輝が、いわば政敵の郝を行政院長に指名し、6月に就任させたことだった。

権謀術数の行政院長人事

1990年3月21日の選挙を経て、李登輝は5月20日に代理総統を脱して正式な総統に就任した。

だが、そこで李が行政院長に任命したのは国防部長の郝柏村だった。

選挙で郝が「李登輝おろし」を画策したことは公然の秘密だった。政界では李への疑心暗鬼が広がる。一方で世論は、81年から8年間も参謀総長を続けて軍の実権を握ってきた郝に、強烈な拒否反応を示し始めた。

野党の民進党は「民主化への逆行」とかみつき、3月に民主化要求デモの矛を収めた学生らは「軍人の政治干渉」だと李への批判に転じ、デモを行った。

しかし李は「当時、誰にも言わなかったが、参謀総長の郝を国防部長や行政院長に引き上げたのは、国民党の支配下にあった軍を国家のものにする重要な作戦だった」と明かした。

蔣介石の時代から国民党政権は、軍を党の支配下に置いてきた。中国人民解放軍が現在も共産党の指揮下にあるのと、構造の上でなにも変わらない。しかも郝ら国民党の守旧派が、軍の人事や予算から作戦部門まで支配していた。

李は軍が国民党の支配下にあること、とりわけ一部の守旧派が実権を握っている問題は、台湾の民主化で大きな障害になると考えていた。総統であり、国民党主席でもあるトップの人事権を使って、李は軍の支配構造を変えようとした。

行政院長に任命された直後、郝は台北市内の病院に蔣介石夫人の宋美齢を訪ねたという。著書『郝柏村回憶録』によると、宋は郝の手をにぎって長い間、話し続けた。昇進について「蔣夫人は非常に喜んだ」という。郝本人もうれしかったのだろう。郝は宋を訪ねた後に軍を除籍した。退役は行政院長就任の条件だった。

李は「昇格」という手段で、郝の「退役」を導き出した。一方で、総統府参軍長（総統の軍事顧問）や参謀総長に相次ぎ反郝派を登用し、郝を軍から引き離した。

そこから再度、郝との争いが始まる。郝は李の人事案を行政院長の権限で拒否するなど、なおも軍に院政を敷こうと躍起になっていた。

ただ、世論の風当たりはますます強まった。91年7月、民進党の立法委員（国会議員に相当）が「郝行政院長は参謀総長や将官を集めた軍事会議を違法に行った」と立法院（国会に相当）で厳しく追及した。越権行為だというのだ。

批判が続くなか、92年12月19日の立法院の全面改選（定数161）で民進党が躍進し、国民党は100議席を割った。

郝は李の作戦にも気付いた上で、逆転劇を狙っていたようだ。93年1月には民進党の立法委員に「行政院長と軍の将官が軍事クーデターを企てている」と暴露された。なんらかの策をねっていたことは間違いない。

この問題で参謀総長が軍人の政治介入を禁じる命令を出す騒ぎになり、2月2日、郝は行政院（内閣に相当）総辞職まで追い込まれた。

李は出世させた郝が世論や野党に監視され、徐々に軍への影響力もそがれると読んでいた。二階に上がったはいいが、安定を崩して梯子がはずれた。

しかも前任の行政院長、李煥と郝の仲を裂き、国民党の守旧派に内部抗争も誘発させた。一石二鳥の権謀術数といえた。軍はしだいに国民党から引き離され、政府が軍を掌握する。

台湾政治に詳しい早稲田大学前教授の若林正丈《まさひろ》（1949年生まれ）は、一連の動きについて「政治家として当時の李登輝は非常に冴《さ》えていた」と振り返った。

政策に民意のボトムアップも茨の道

1990年5月、李登輝は堰《せき》を切ったように台湾の政治改革に乗り出す。第8代総統に就任した5月20日のその日、李は総統権限を行使して政治犯だった20人の特赦と、14人の公民権を回復させると発表した。

79年12月に南部の高雄で起きた民主化要求デモ「美麗島《びれいとう》事件」で、叛乱罪《はんらんざい》に問われた民主活動家や弁護士らが、その大半だった。

同事件に関わった政治犯として7年あまり収監され、87年に釈放された姚嘉文《ようかぶん》（1938年生まれ）もこの時、公民権を回復した一人だ。「李登輝のあの決断には大きな意味と意義があった。自由と民主と人権を求めた『美麗島事件』になんら罪はない、と証明したことだ」と強調した。

李には、国民党の独裁政権による過去の弾圧を清算し、野党の自由な政治活動を保証するとの暗黙のメッセージを発する狙いもあった。政党政治を進める上で必要なけじめだった。姚はその後、野党の民進党主席や総統府資政（上級顧問）などを歴任した。

李は「国民大会の選挙で選ばれて正式な総統になり、自分が理想とする民主国家への道を歩む時がきたと考えた」と振り返る。

李はさらに、国民党秘書長（党幹事長に相当）だった側近の宋楚瑜に命じ、3月に収束した「野百合学生運動」でデモ学生に約束した「国是会議」の実現を急がせる。外省人の宋は政治力、調整力に優れ、国民党の内部を説得するための適材といえた。

台湾史上初めて、民進党など反体制派を含む政治家や政府関係者、さらに商工界代表、学識経験者ら民間からも幅広いメンバー計150人を集め、90年6月28日から7月4日まで台北市内で国是会議を開いた。

国是会議の結論に法的拘束力はないが、李はそこで吸い上げた民意を政策に生かし、民意を追い風に改革に着手しようと考えた。

国是会議は結局、①総統は台湾の住民による直接選挙で選出する②（国民党政権が中国大陸で制定したままの）憲法を改革する③対中国大陸政策は台湾の安全に配慮して決める、など5項目の総括を承認した。

閉幕時に李は「国是会議は台湾の今後の憲政改革に大きな影響力をもつ。民意を尊重して政治改革を断行する」と述べた。独裁時代のトップダウンから、民意に基づくボトムアップの政策決定にシフトする、と李が宣言したに等しい。

姚は「政治家としての李登輝の攻めと守り、身体の動きはあの時期、まるで剣道の試合を見ているようだった」と印象を話す。李は実際、剣道の有段者だ。

だが、民主化への急旋回は、国民党の守旧派や外省人に反感を買っていた。

国民党寄りの有力紙、聯合報の駐日特派員だった陳澤禎《ちんたくてい》（1946年生まれ）は当時、憤《いきどお》ったという。「蔣経国時代にビックリするほど謙虚だった李登輝が、総統になって90年ごろから態度を急変させた」と映ったからだ。

祖父が、蔣介石の兄貴分といわれた革命家の陳其美《きび》（1878〜1916年）の澤禎は国民党の外省人エリートに属する。

彼らは「蔣家の忠臣」と思っていた李から裏切られたと受け止めた。国民党政権による統治が根底から覆されるのではないか、との不安や怒りも渦巻いた。
台湾人の李は代理総統を脱してもなお、政界で薄氷を踏み続けていた。

守旧派と共産党を欺くレトリック

総統であり、国民党主席でもあった李登輝は、民主化を強く求める台湾の民意と、党内に強い影響力をもつ中国大陸出身者らの守旧派にはさまれ、なおも微妙な立場に置かれていた。その上「台湾統一」に政治圧力をかける北京の中国共産党政権と、どう対峙《たいじ》するのか。李の政策に世論の注目が集まっていた。

1990年5月20日に総統2期目の就任演説を行った李は「客観的な条件さえ熟せば、(中国との)国家統一を協議する用意がある」と述べた。さらに同年9月、「一つの中国」をめざす組織「国家統一委員会」を総統府内に設置することを決めた。だが、野党の民進党が強く反発するなど、世論は割れていく。

当時、中国との統一も将来ありうると考えていたのか、との問いに、李は少し照れくさそうに笑った。

「実は、あれ(国家統一委員会)は国民党内の守旧派や、共産党を欺くための嘘だったんだ」

と明かした。

李がいう「嘘」は「レトリック（ことば巧みな表現）」と言い換えた方が正確だろう。同委の設置と同委が議決した「国家統一綱領」には巧妙な仕掛けがあった。

同委のメンバーには行政院長の郝柏村ら守旧派を加えた。郝らは将来、中国大陸の領土を奪還し、国民党政権が「国家統一」を果たすとの蔣介石以来の悲願を建前にしていた。虚構の「中華民国体制」にこだわっており、同委設置に賛成だった。

極めつけは、91年2月23日に議決した「国家統一綱領」だ。「国家統一」を高らかにうたう一方、オブラートにくるんだ表現で「民主政治の実践や基本的人権の保障」などを統一条件に挙げた。李は「北京の共産党政権が民主主義になったら台湾も国家統一を話し合いましょうと。そういう考えだった」と説明した。

統一の時期は定めていない上、共産党側には実現不可能ともいえる条件だ。

だが「統一」の旗印を改めて鮮明にされると、国民党の守旧派も共産党も李を「台湾独立派」「中台分離の現状固定化を進めている」とは批判しにくい。それこそ李の狙いだった。

実際、綱領に対し共産党機関紙、人民日報は「台湾当局も祖国統一促進の必要性を求めていることは喜ばしい」と持ち上げた。レトリックやプロパガンダを得意とする中国共産党もこのときばかりは、李の戦術にのせられていたようだ。

中国は当時、89年6月4日に北京で起きた「天安門事件」後の混迷が続いていた。李は中国側で重大な政治変化が起きる可能性も念頭においていたといい、「国家統一」の呼びかけで共産党に揺さぶりをかけた形だった。

台湾大学の学生時代から李と親しかった彭明敏《ほうめいびん》（１９２３年生まれ）は「李登輝は当時、『二重人格』といえた。『国家統一』の建前を演じる国民党主席の姿と、台湾の安寧を求める台湾人の姿が共存していたからだ」という。「しかし実際は『国家〝不統一〟委員会』だった。実に李登輝らしいやり方と感心した」と話し、ニヤリと笑った。彭は李の本心を見抜いていた。

李は同委のほかに、行政院の中央官庁として新たに対中政策を統括する「大陸委員会」を設置した。ただ、政府間交渉は表だって行えないため、91年3月に海峡交流基金会という民間の対中交渉窓口を財団法人格で発足させた。

中国も同年12月、海峡両岸関係協会をつくる。ここから実務的な中台間交渉が始まったといっていい。

民主化のためならカネで解決

李登輝は、台湾の民意を吸い上げる１９９０年６～７月の「国是会議」で承認された「動員・反乱鎮圧時期条項」の終結に向けた憲法の改革にも着手する。台湾を「内戦状態」に縛り付ける法的な根拠だった。

李は「(国民党と共産党による)国共内戦がなおも続いているという条項の規定を変えない限り、台湾の民主化は一歩も進まないと考えていた」と話す。

中国大陸にあった蔣介石の国民党政権が「国民大会」で48年に憲法を制定した。自らが中国の正統政権とする国民党が当時、内戦状態にあった毛沢東《もうたくとう》(1893〜1976年)の中国共産党を「反乱団体だ」とみなして、48年に憲法に加えた臨時の条項だった。

正しくは「動員戡乱《かんらん》時期臨時条款《じょうかん》」という。国民党は結局、内戦に敗れて政権ごと49年に台湾に逃げ込むが、この条項付き憲法をそのまま台湾に適用した。

国共内戦を前提とした規定は、憲法を停止して台湾に戒厳令を敷き続けることを可能にした。中国大陸で選出された代表らは「反乱団体」に占拠された選挙区を奪還してから改選せよと無理難題を押しつけ、台湾で終身の職位を得た。

さらに国民党は、中国大陸で選出した代表らの存在が「中国の正統政権」との主張の裏付けになる、と考えていた。蔣介石時代の残滓であり、虚構だった。

49年施行の戒厳令は蔣経国が総統時代、87年7月15日に解除したが、高齢化した代表らは高額の報酬を受け取りながら居座っていた。

終身待遇の代表らが退任しなければ「内戦状態」は終わらない。李は「数百人もの万年代表を、どうしたら退任させられるか。智恵を絞った」と話した。

総統選出や憲法改正で権限をもっていた最高意思決定機関の国民大会で、48年に選出された初代の代表ら全員に、李は新たな住宅の提供や多額の退職金支払いと引き換えに、91年末までに退任する承諾を得た。

李は「当時の国民党にはカネがあったから、それを台湾の民主化のために使って解決しない手はなかった」と笑った。終戦で台湾を接収した国民党は、日本が放棄した膨大な資産を党の財産に組み入れた。「世界一の金持ち政党」と呼ばれた時期もあったほどだ。

李は「万年代表が退任を承諾することは（彼らが決めた）動員・反乱鎮圧時期条項の廃止も承諾するという意味だった」と振り返る。88年1月の総統就任後に、万年代表らにも頭を下げて支持を訴え続けてきた李は信頼されて、90年3月の総統選では過半数の代表からの得票で当選した。

91年4月22日に「国民大会」は李政権で初めて憲法改正を決議し、動員・反乱鎮圧時期条項の廃止と国民代表らの改選を決めた。李は2000年の退任まで計6回の改正により、憲法改革を進めることになる。

91年4月30日、総統府で李は、5月1日から同条項を廃止すると宣言して「反乱団体」を中国の「大陸当局」と位置づけた。この年の12月21日、国民代表がようやく全面改選される。

総統府の直属機関である國史館の館長、陳儀深《ちんぎしん》（1954年生まれ）は「蔣経国による戒厳令解除は自由化ではあったが、民主化ではなかった。（憲法改革で）李登輝が初めて民主主義として制度化した。政治学からみて、自由化と民主化は異なる」と話した。

「内乱罪」ブラックリストを解除

総統権限を行使して1990年5月に政治犯の特赦や公民権回復を実行した李登輝は次に「陰謀犯」による内乱罪を規定していた刑法100条の修正を、立法院や関係当局に働きかけていた。

「台湾独立」を主張したり、集会を開いたりした民主活動家には懲役刑が待っていた。日本や米国など海外に亡命した活動家もブラックリストに入れられ、台湾に戻ることさえ許されなかった。戻れば逮捕だ。

野党の民進党などは刑法修正を強く求めていた。

台湾独立建国連盟の前主席、黄昭堂《こうしょうどう》（1932〜2011年）は「パラグアイの上院議長が92年2月に訪台して、『台湾独立を主張しただけで違法にするのは非民主的だ』と批判したことがある。李登輝が発言を促し、『外圧』にしたのだろう」と考えていた。

南米パラグアイは反共政策を貫き、その後も台湾と外交関係を維持している。

この批判をきっかけに世論が動き、国民党の立法委員（国会議員に相当）にも刑法修正への支持が広がった。同年5月15日に、立法院で「陰謀犯」は削除されて、内乱罪で獄中にあった20人は釈放された。さらに海外にいた独立活動家らもその後、無罪になった。

黄もこの時、ブラックリストから外れた人物のひとりだ。１９５８年12月に夫人を伴って日本に留学したが、台湾独立運動を行ったとして国民党政権にパスポートを取り上げられ、亡命生活を送っていた。夫人とともに台湾の土を踏んだのは、92年11月25日のこと。実に34年ぶりの帰郷であった。

日本亡命34年を経て、ブラックリスト解除で1992年に故郷に戻った台湾独立建国連盟の前主席、黄昭堂の像＝台南市郊外

日本に亡命していた人物では、後に駐日代表（大使に相当）になる許世楷《きょせいかい》（１９３４年生まれ）ら。米国からは李と台湾大学時代からの親友、彭明敏らもブラックリスト解除を受けて続々と台湾に戻る。いずれも台湾独立支持派だった。

李は「総統になってずっ

と、台湾人が毎晩、ゆっくり寝られる社会にしたいと考えていた」と話した。

47年2月に起きた2・28事件や、49年5月の戒厳令から続いた国民党政権の強権弾圧「白色テロ」で、夜中から明け方にかけ、自宅にいるところを特務機関の憲兵らがジープに乗って突然、身柄の拘束にやってくる。身に覚えがあろうがなかろうが、いつ陰謀犯にされるか分からなかった。

李も実際、69年6月の早朝、憲兵に連行された経験がある。その特務機関の警備総司令部を李は92年7月末、正式に廃止した。刑法修正と特務機関の廃止により「白色テロ」がようやく終わったといえた。

戦後台湾で支配階級となった中国大陸出身の外省人と、取り締まられた台湾出身の本省人との対立「省籍矛盾」の原点である2・28事件を、どう解決に導くかが李の使命でもあった。

李は93年3月、被害者への賠償条例を作り、94年2月には自ら、事件の被害者のひとりだと心情を吐露した。95年2月28日、台北での2・28事件の慰霊碑落成式で、李はこう述べた。

「ここに私は国家元首の立場で、過去の政府の過ちを認め、深く謝罪する」

台湾に戻って李と親しくなった黄は「2・28事件の加害者が特定されて罰せられるに至らなかったのは問題だ」と指摘した。しかし「それでも本省人の李登輝が、初めて国家元首として謝罪したことの意味は大きかった」と話した。

「直ちに核兵器開発を中止せよ」

再び時計の針を蔣経国が急死した1988年1月13日に戻す。憲法の規定でこの日、総統に昇格した李登輝に突然、副総統時代には関与できなかった「総統の専管事項」がのしかかってくる。そのひとつが「核兵器の開発問題」だった。

就任の翌日、参謀総長の郝柏村から核兵器の開発プロジェクト「新竹計画」の報告を受けた。李は計画の存在は知っていたが、副総統時代まで何ら決定権はなかった。総統として統帥権を握り、責任者になる。

台湾の核兵器の極秘開発はそもそも蔣介石の指示で60年代後半に、国防部（国防省に相当）直属の中山科学研究院で始まった。対岸の中国が64年に初の核実験を行い、弾道ミサイルの研究も進めていたからだ。

米国に情報が漏れ、70年代に「新竹計画」は中止に追い込まれるが、79年の米台断交で安全保障に危機感を抱いた蔣経国が腹心だった郝に命じ、密《ひそ》かに開発を再開させたとみられる。

李の総統就任から5日目の88年1月18日のこと。米国の対台湾窓口機関、米国在台協会（AIT）代表（米国の駐台大使に相当）だったデビッド・ディーン（1925～2013年）

が、大統領のレーガンからの親書を携えて李を訪ね、そこで核兵器問題を突然、指摘した。２０１９年8月出版の『郝柏村回憶録』によると、ディーンが郝に明かしたレーガンから李への要求は「核兵器開発を中止する合意書に1週間以内に署名せよ」だった。ディーンは、台湾が南部の九鵬で行ったとする小規模の核実験を裏付ける偵察衛星の撮影画像も示したという。米国は台湾の核兵器が中国との軍事緊張を招く、と警戒していた。

李は「直ちに署名して国防部に核兵器計画の中止を命じた」と話した。命令通り開発はストップした。

李の総統就任のタイミングで、米国はなぜ、核兵器の問題を提起したのか。李は「蔣経国死去の直前に米国のスパイだった張憲義《ちょうけんぎ》が亡命した」と話した。

張憲義（１９４３年生まれ）は中山科学研究院副院長で核兵器の開発研究者だったが、１９８８年初めに家族を伴って台湾を離れ、米国は亡命を受け入れた。情報は米側に筒抜けになった。

張の亡命時期が蔣の死に重なった理由は不明だ。

レーガン政権は、台湾で絶対権力を握った蔣の時代は一歩譲って監視し、次の政権がどこまで軍を掌握できるか、就任早々、強烈な手段でテストしたのではないか。であるならば、李は及第点だったといえる。

李は取材に「台湾が核兵器を持つことで、中国のみならず米国やロシアなども敵に回す恐れがある。北朝鮮と同じで小さな台湾が核兵器を持っても国のためにならない」と話した。

李はさらに核兵器の研究開発費の問題も挙げた。開発予算は当初、1億2千万ドル（当時のレートで約430億円）だった。李は「予算をどう捻出《ねんしゆつ》したかも不明で、軍をバックに不透明なカネが動いた」と話す。

ただ、95年7月に中国が台湾沖を標的とした弾道ミサイル発射演習で軍事威嚇した際、李は「台湾には核兵器を開発する能力があるが、必要かどうか慎重に検討せねばならない」と発言し、中国を牽制《けんせい》した。ただし「実際には絶対に開発しない」と付け加えた。李は抑止力としての核技術保持の重要性は認識していた。

西安事件の真相を語らなかった張学良

李登輝はさらに「総統の専管事項」として、ある歴史上の人物を監督する立場にもなった。1936年12月に「西安事件」（※2）を引き起こした張学良《ちようがくりよう》（1901〜2001年）その人だ。張の印象を李は「西安事件の真相を最後まで一言も語らなかった。口の堅い男だったな」と話した。

張は事件後、国民党の軍法会議にかけられた。蔣介石は張を特赦したが、浙江省に幽閉する。さらに国民党軍は再び勃発《ぼっぱつ》した共産党軍との国共内戦に敗れ、49年に退走する際、張を台湾に連行。軟禁は続き、息子の経国に引き継がれる。李が総統に就任した88年、軟禁は50年を超えていた。

李によると、張は中国大陸で6カ所、台湾で3カ所も転々と軟禁場所を変えられた。「(張は)もともと馬賊の出身だから、一カ所に留めておくと逃走されやすい」と李は説明した。

李が初めて張に会ったのは台湾省主席だった83年ごろ。北西部の新竹郊外の幽閉地で、日本統治時代に温泉が開かれた山間の日本家屋だった。張はその後、経国によって台北郊外にある陽明山の温泉地、北投に幽閉先を移される。2軒の住居を与えられていた。

張は蔣介石夫人、宋美齢のすすめでキリスト教の洗礼を受けた。「日曜日に私の家で済南教会の牧師による礼拝があり、張学良もよく来た」と李は明かす。

李は交友を深めていた張の軟禁を解く道を探す。

総統2期目の就任直後だった90年6月、数えで90歳の張の誕生日パーティーを台北市内の圓《えん》山《ざん》大飯店で開いた。張が公の場に姿を見せたのは、実に54年ぶりだった。事実上の名誉回復を示したパーティーの席で張は「自分は歴史上の罪人だが、キリストが求めるなら若い時のように国家に貢献する」と述べたという。

行動の自由が少しずつ認められた張は当時、台北市内の上海料理店「秀蘭」などで家族らと食事しているところを、たびたび目撃されている。

李がいう「西安事件の真相」とは、蒋介石を捕らえた張が、蒋を解放した経緯や裁判で死刑にならなかった背景など、細部がなお不明な点だ。ただ、李は「宋美齢が張学良を殺すなと命じた電報を見たことがある」と明かした。

張と宋の間に何らかの男女の感情があった、と話す関係者もいる。それとは別に李は「張学良の周りには女性がたくさんいた」と話した。国民党が張に、極秘裏に若い女性を複数人、愛人として提供していたとの情報もある。

91年に渡米が許された張はその後、ハワイに移った。

張学良が幽閉されていた台北郊外の日本時代の家屋が観光スポットになり、蔣経国（右）と２人の写真が飾られている＝2019年1月19日

２００１年1月、ハワイに張を訪ねた国民党の党史委員会元主任、陳鵬《ちんほう》仁《じん》（１９３０年生まれ）は「彼は最後まで、李登輝との約束を守ったと思う」と話した。陳による

と、共産党政権は台湾統一工作で、張と西安事件の歴史を政治利用しようと動いていた。だが中国に行かない条件で自由の身になった張は、共産党の誘いを拒否し続けた。陳は「張学良は本物の男だった」と振り返る。この年の10月、張はハワイで１００歳の生涯を閉じた。

「中華思想の呪縛」から脱却した96年総統選

１９８８年1月の就任以来、李登輝は台湾で薄氷を踏む思いで総統を続けていた。一方「国民大会」での選挙を経て90年5月、任期６年の２期目に就任した直後から、李は「次の総統選挙は、台湾の有権者が投票する直接選にすべきだと考えていた」という。「直接選であれば『国民党の総統』ではなく台湾人が選んだ『台湾の総統』になる」からだ。国民大会は総統選出や憲法改正で最高意思決定機関の位置付けながらも、国民党の意向を追認する色彩が強かった。

政治家としての李の特徴は、かつて独裁政権党だった国民党に民主化のメスを入れるため、国民党主席であり総統であるという「権力」を利用したことだ。

94年4月、国民党の臨時中央委員会が96年に総統を直接選に転換する方針を決め、94年7月に国民大会で憲法を改正した。李が描いたシナリオ通りだった。

任期は6年から米大統領と同じ4年に短縮した。

93年に駐日代表（台湾の駐日大使に相当）から国民党の秘書長（党幹事長）に転じていた許水徳は「直接選は（下野する）リスクがあると党内に強い反発があったが、李登輝の固い意志を秘書長の立場で説明して回った」と振り返った。

一方で中国は「祖国分裂主義者」と批判していた李の再選阻止を狙い、95年から台湾沖に向けた弾道ミサイル発射などの軍事演習で、威嚇を繰り返した。

だが結局、96年3月23日投開票の総統直接選で、李は580万票あまり、得票率54％で圧勝した。同い年で台湾大学の時代から李と親しく、野党の民進党から「独立」を訴えて出馬した彭明敏も230万票近い21％を得た。台湾有権者の75％が台湾出身の2人の総統候補を支持し、中国の武力威嚇に立ち向かったことになる。

96年の総統選は「中華思想の呪縛」から台湾を解き放つ歴史的な転換点でもあった。蔣介石と蔣経国による戦後台湾の独裁支配について、李は「中国5千年の歴史で王朝から王朝へとつながる『皇帝政治』の延長を、台湾で続けていたにすぎない」と話した。

中華の皇帝が世界の中心であり、中華の文化や考え方こそが神聖で、中華民族と領土は統一されねばならないといった「中華思想の呪縛を覆いかぶされている限り、台湾の発展は望めない」と李は考えていた。

李は96年5月20日の就任演説で「台湾ができたことは中国大陸もできる」と強調した。だが中国は、いまなお呪縛の中にいる。最高権力を握る共産党総書記は、党内の権力闘争で勝ち残った人物で、国家元首である国家主席も兼ねる。民意など顧みられることはない。台湾では2020年1月11日に、総統直接選が行われた。1996年から数えて7回目。民主政治は着実に進化を続けている。

（※1）**国民大会**（187頁）

中国国民党政権がなお中国大陸にあった1948年に設置した最高意思決定機関。総統と副総統の選出や憲法改正の権限があった。国共内戦に敗れて49年に台湾に逃れた後も、中国大陸で選出した代表を改選せず、大会は継続された。数十年も利権を手放さず高齢化した代表約700人は91年、李登輝の説得で退任。代表はその後、改選されたが権限は縮小し、最終的に大会も2005年に廃止された。

（※2）**西安事件**（213頁）

中国大陸で蒋介石の国民党と、毛沢東の共産党による「第一次国共内戦」が続いていた1936年12月、陝西省北部に立てこもった共産党軍の掃討を命じられた張学良ら軍人が、作戦督励のため西安を訪れた蒋を捕らえて監禁した事件。張は蒋に内戦中止と、毛と一致して日本の軍事圧力に対抗するよう迫った。その結果、「第二次国共合作」が成立して両党は抗日で協力する一方、共産党側は壊滅の危機を脱した。張はその後、国民党に捕らえられ、中国大陸や台湾で長期間軟禁された。

第7章

静かなる民主革命

中国と台湾は「特殊な国と国の関係だ」

1999年7月9日のことだった。李登輝《りとうき》は、ドイツの国際放送局ドイチェ・ベレの取材で台湾と中国の関係を聞かれ、「特殊な国と国の関係だ」と発言した。

このとき現役の総統だった李。中台関係をそれまでは「互いに隷属《れいぞく》しない2つの政治実体」と抽象的に表現していたが、「国家」と言い換えて踏み込んだ。

のちに「二国論」と呼ばれた李の発言は、国際社会に大きな波紋を広げる。

台湾を自国の一部と主張する中国は、外務省報道官が「国家分裂に向かう危険な一歩で『一つの中国』を認める国際社会への重大な挑戦だ」と非難。軍事演習で李と台湾を威嚇した。

一方、李発言について米国が当時、台湾に真意を正していたことが、産経新聞が入手した台湾当局の機密電報で明らかになった。米側に対し、台湾側から李発言に関する事前通告がなかったことを示している。

台湾駐米代表処の用箋《ようせん》で99年7月10日付。台北の外交部（外務省に相当）宛てに送られた「急機密」の大きな印が押された公電だ。

その公電によると、外交関係のない米台をつなぐ米側の窓口機関、米国在台協会（ＡＩＴ）

の理事主席、リチャード・ブッシュ（１９４７年生まれ）から7月10日午前、台湾駐米代表処に電話があった。

李発言の詳細を問い正され、英文翻訳はあるか、などと聞かれたが、李発言について情報の乏しかった台湾当局者は「両岸（中台）は東西ドイツの統一前と似た状況で、一つの民族に二つの国家があり、政策変更はない」などと苦しい説明をした、と報告している。その後、ＡＩＴ側と重ねたやりとりの機密電報が何通も送られてきているが、米側が納得した様子は読み取れない。

いずれの公電も、李が毛筆で「閲　登輝」と記している。閲読した、との意味だ。公電の内容に対する李の反応は書かれていない。

米国は当時、対中融和政策を進めていた民主党のクリントン政権で、李による突然の「二国論」が、中国に対して台湾への武力行使を誘発する懸念がある、と受け止めた。

当時の状況を早稲田大学前教授の若林正丈（１９４９年生まれ）は著書『台湾の政治』（東京大学出版会）の中で「台湾リーダーの言動が北京とワシントンの両方で同時に不興をかった初の事態」と評している。

台湾内部でもわずかな当局者しか知らされなかったという「二国論」。李はなぜ突然、公表したのか。

李は「いつかは言わねばならないと機会をうかがっていた」と話し、表情を引き締めた。他方、李を補佐する国策顧問（当時）で水面下の対中交渉を行う密使でもあった曽永賢《そうえいけん》（1924～2019年）は、李発言の背景をこう明かした。

「実は『二国論』はあの年（1999年）の10月10日に李総統が公表する準備を密《ひそ》かに進めていた。だが中国が直前の国慶節（建国記念日＝10月1日）に『一国二制度』（※1）を前面に打ち出し、台湾との統一交渉の開始を宣言して動き出すとの極秘情報を得た。これは先手を打たねばならないと考え、李総統に建議した」

中華人民共和国が成立してから、99年は50周年にあたっていた。97年7月に返還された香港の「一国二制度」をモデルケースに、次の照準を台湾に当てて、国家の統一工作を急加速する狙いが中国側にあった。だが、李も曽も「一国二制度」の欺瞞《ぎまん》性をかぎ分け、出はなをくじこうと攻撃に出た。剣道でいう「先々の先を打つ」戦術だ。

香港では中国共産党政権の指示で、2019年に起きた反政府デモ参加者の人権を踏みにじる強権的な弾圧が続いている。警察官が至近距離から銃で、デモに参加した高校生を実弾で撃つシーンもテレビ画像で何度も伝えられた。返還から50年間は保障されていた「一国二制度」は瓦解《がかい》寸前の危機にある。

1999年7月に「二国論」を公表した時点で、李登輝は76歳。「総統から降りる前に、台湾の国家としての位置づけを国際法上もはっきりさせたかった」と話した。翌年の総統選には出馬せず後進に道を譲る意向を公言しており、任期は1年を切っていた。

ドイツの放送局のインタビューで「特殊な国と国の関係」と発言した李登輝（左）＝1999年7月9日（李登輝基金会提供）

台湾紙、自由時報の政治記者、鄒景雯《すうけいぶん》の著書『李登輝執政告白実録』（印刻出版）によると、退任を控えていた李が「はっきりさせよう」と考えて、白羽の矢を立てた国際法学者が蔡英文《さいえいぶん》（1956年生まれ）だった。現在、民進党の政権を率いる総統その人だ。

蔡を中心とした研究チームは99年5月、「両岸（中台）は少なくとも『特殊な国と国の関係』」と結論づける報告書を提出した。

国民党政権が47年に施行した「中華民国憲法」は中国大陸を含む広大な適用範囲を定めていた。だが、李政権が91年以降、憲法改正で範囲を台湾に限定し、96年に総統直接選を行ったことを根拠に、蔡は「特殊な国と国」と位置付けた。

曽永賢に近かった総統府幕僚の一員、張栄豊《ちょうえいほう》（1954年生まれ）が深く関与し、蔡ら政治学者が「二国論」を導き出すようリードしたとの見方もある。

ドイツの放送局を選んで発言した理由を李は「中国と台湾は東西ドイツのような分断国家ではなく、統一の必要などないと言いたかった」と明かした。台湾当局者との間に、認識のずれも少なからずあった。

李には中国の主権は台湾に及ばず、台湾の主権も中国に及ばないとの判断がある。ただ、歴史的には台湾が称する「中華民国」がそもそも南京で1912年1月に成立した経緯があり「特殊な」との表現は残した。

東京大学東洋文化研究所教授の松田康博（1965年生まれ）によれば「特殊な」との表現は、国際法学上で使われるラテン語由来の「sui generis」であり「李登輝総統は『二国論』の発言によって、国民党をいわば民進党化した」と考えている。

戦後台湾を一党支配した国民党の政権を一発の銃弾も撃たずに内部から改革し、国際社会との関係も好転させた総統時代の李登輝の改革は「静かなる民主革命」と呼ばれている。その仕上げの段階で「二国論」を打ち出し、それまでの国民党とは決定的に違う台湾主体の政権党に生まれ変わることを意図したという意味だろう。

李は取材に、この「特殊な国と国の関係」とする国際法も踏まえた考え方を、日本の外務省のある高官から教えられ、それを蔡らと議論したと明かしたことがある。

しかし、李が実名を挙げたその高官に2019年春、改めて東京で会って話を聞くと「特殊な」との考えについて李に語ったかどうか、否定も肯定もせず、「私の名は絶対に出してほしくない」と求めてきた。１９７２年の日中共同声明を守ることが義務である日本の官僚としての公式な立場を理解し、その求めは受け入れた。

ただ、誰が李に語ったかは別として、李が日本の外務官僚の知識と知恵に深い尊敬の念を抱き、決定的な場面でその考え方を採用した、という歴史的な事実は書き残すべきだと考えている。

一方で当時「二国論」で高まった中台間の激論や軍事緊張は、99年9月21日未明に台湾中部で発生し、1万人以上の死傷者が出た大震災で、かき消されていく。被害の大きさに中国も同年10月、「一国二制度」による統一工作は打ち出せない状況となり、矛を収めた。

２０２０年1月11日の総統選で蔡英文が再選された。１９９８年以来、いわば李と国家認識を共有してきたのは蔡だったといえる。

リー・クアンユーとの蜜月と決別

李登輝が台湾の総統に就任した翌年の１９８９年に話を戻す。李は外交や経済の主要閣僚を伴って、3月6日に初の外遊先としてシンガポールを訪れた。首相（当時）のリー・クアンユー（1923〜2015年）に招待されていた。

現地の新聞やテレビは李を「台湾から来た総統」と位置付けた。1965年8月にマレーシアから独立したシンガポールは中華系住民が70％を超えるが、当時は中台ともに外交関係はなく、総統の李の訪問でも、台湾が称する「中華民国」の名は使わなかった。国際社会における台湾と李のあいまいな立場を浮き彫りにした。

ただ李は当時、呼び方について「不満だが受け入れられる」と述べた。国民党政権が台湾に逃れて、総統の外遊は李が初めて。李は取材に「台湾が現実的に国際関係を広げる『実務外交』の第一歩がシンガポールだった。国交のあるなしは関係ない」と話した。

閣僚らとともに訪問する実を取って、名は捨てた。

実は台湾とシンガポールは水面下で深いつながりをもっていた。『リー・クアンユー回顧録』（日本経済新聞社）で、リーは李の前任総統の蔣経国《しょうけいこく》（1910〜88年）とは「反共主義という共通の利害で結ばれていた」と書いている。

国土の狭さゆえ、シンガポールはイスラエルに軍の訓練を依存していたが、75年に陸空軍が台湾の複数の基地でも訓練を始めた。

台湾の国防大学で准教授だった邱伯浩《きゅうはくこう》（1967年生まれ）は「『星光計画』と呼ばれた台湾での訓練にはシンガポール軍から毎年100人近くの将兵が送り込まれた」と明かした。李も訓練を視察したという。

台湾を非公式訪問したシンガポール元首相のリー・クアンユー（右）を別荘地に招いた李登輝（中央）＝1994年9月21日（李登輝基金会提供）

邸によれば、台湾には3カ所、シンガポールとの共同基地がある。北西部の新竹に戦車、南部の台南と高雄に歩兵の基地だ。新竹には「星光計画」の総指揮部門もある。シンガポールには、かつて蔣経国政権時代に奨学金を得て台湾大学に留学した経験のある大佐級の軍の幹部も少なくなかった。しかも一方通行ではなく、台湾からも軍用機で直接、シンガポールの空軍基地に着陸し、軍事交流を行った。

蔣から政治家としての帝王学を学んだ李は、たびたび台湾を訪れてきた同い年で中国語名を李光耀《りこうよう》というリーと、蔣を介し親交を深めた。2人は漢民族の中でも客家《ハッカ》と呼ばれる人々を祖先にもつ共通点もあった。

93年には中国と台湾の初のトップ級会談をシンガポールで開くお膳立てをしてもらうなど、李とリーの2人は当時、蜜月だった。

だが、94年9月にリーが訪台した際、李との間に亀裂が生じる。鄒景雯著『李登輝執政告白実録』によると、リーは中台経済関係の話題で「台湾は中国の一部で、何十年かかろうとも将来は統一に向かわねばならない」と李に水を向けた。

一方で李はこれに「いまは民主化が最重要で、台湾の前途は台湾人が決める」と答え、会話はまったくかみ合わなかった。

同書によると、李の総統在任中、リーの訪台はこのときが最後になった。90年10月に中国と国交を樹立したシンガポールは、経済面で対中依存度を高め始めた時期であった。一方の李は当時、表面上は「国家統一」を訴えながらも、本音では中国とは異なる台湾独自の道を探していた。

リーは回顧録で「台湾が武力で大陸（中国）と再統一されれば、歴史は（李に）優しくないだろう」と書いた。李の考えは歴史的に誤りと批判した形だ。

リーについて問われた李は、具体名はあげず「封建的な中華思想に基づく民族主義は、普遍的な民主主義とは相いれない。民族主義に陥れば台湾の発展など望めない」と答えた。２人は対中意識で決別した。

99年6月発行の『台湾の主張』（ＰＨＰ研究所）で、李はリーについてこう書いている。

「私は、リー・クアンユー氏とは友人であり、彼の政治家としての能力を高く評価しているので、『この言葉』には複雑な思いをした。しかし、台湾とシンガポールを政治的に比較したときには、かなり本質をついた洞察だといわねばならない」

「この言葉」とは、米国際政治学者サミュエル・P・ハンティントン（1927～2008年）が台湾とシンガポールを比較した分析だった。すなわち「台湾の民主主義は李登輝が死んでも継続するだろうが、リー・クアンユーの政治体制は、彼が死ぬと同時に墓場に葬られるだろう」だ。

リーは2015年3月に91歳で亡くなったが、04年からリーの長男、リー・シェンロン（中国語名・李顯龍《りけんりゅう》、1952年生まれ）が首相となり、現在もリー王朝の政治体制は続いている。ハンティントンの洞察が歴史的に証明されるかどうか、まだその時はきていない。

一方、「星光計画」は現在に至るまで終了する兆しはない。中国に対する牽制《けんせい》材料になるとの現実的な政治判断で、台湾とシンガポール双方の利害はなお一致しているからだろう。「星光計画」という名称で「星」はシンガポールを指し「光」はリー・クアンユーの中国語名、李光耀から1文字をとったのではないか、と邱伯浩は推測している。

東南アジアとの実務外交へ「南向政策」

国連から1971年10月に追放され、国際社会で孤立していた台湾で、88年1月に総統に就任した李登輝は、いかに対外関係を打開すべきか、知恵をしぼった。89年3月に実現したシンガポール訪問を機に、東南アジアに焦点をあてる。

李は「経済力や技術力で当時、台湾は中国をしのいでいたし、石油など資源の調達先や輸出市場として東南アジアを重視すべきだと考えていた。外交関係はなくても交流できる。『実務外交』でいいじゃないかと（思った）」と話す。

実際、台湾は年間輸出総額で91年まで、大国の中国を上回っていた。日本に続いて、香港やシンガポールなどとともにアジア経済を牽引《けんいん》する「四小龍（4匹の小さな竜）」の一員とみなされ、注目されていた。

94年2月、李は春節（旧正月）休暇を利用して東南アジア3カ国を8日間で非公式訪問した。いずれも中国と国交をもち、台湾とは外交関係がなかったが、李はフィリピンでラモス（1928年生まれ）、インドネシアでスハルト（1921～2008年）の両大統領と会談。タイでプミポン国王（1927～2016年）に謁見がかなった。

投資や貿易の拡大、労働力の受け入れなど、台湾がもつ経済優位性が突破口だった。李はこれを「南向政策」と名付けた。政策の背景について李は「当時はだれにも言わなかったけどね、（戦前の）日本による東南アジア戦略の『南進政策』が台湾を起点にしていたことがヒントだった」と明かした。いわば台湾の地政学的な優位性だった。

さらに「中国への工場進出や投資に走り始めていた台湾の経営者の目を東南アジアに向けさせる必要もあった」と李は話す。台湾経済の対中依存度をいかに下げるかが重要課題だった。

交渉案件のひとつに、フィリピンから91年に撤退した米軍基地跡の再開発プロジェクトがあった。台湾のすぐ南のルソン島に位置していたが、基地撤退によって空白地帯になっていた。

李は南シナ海に面したスービック湾を訪れ、ラモスと会談した。この米海軍基地跡に台湾企業向けの工業団地を建設し、製造業など大がかりな投資を誘致することで合意した。港湾や発電所など米軍が残したインフラに加え、地元に暮らす基地勤務経験者が優秀な労働力になると期待されたからだ。

だが台湾総統府の直属機関、國史館が2008年に発行した『李登輝總統訪談錄』（四）によると、李はこの計画は「うまくいかなかった」と話している。

李は「わが外交部に問題があった。外交部の（官僚の）多くは大中華意識をもち、台湾企業の投資を中国に振り向けさせたかった」と投資が進まなかった敗因を分析し、当局者を批判した。

総統の李が東南アジアとの経済関係をお膳立てしても、実際に作業を行う台湾の行政機構は、長年にわたって中国大陸の出身者や国民党の守旧派に仕切られており、台湾の独自政策には後ろ向きだったというのだ。

スービック海軍基地と、同じくルソン島にあるクラーク空軍基地は、米軍が南シナ海に面して、かつてベトナムにあったカムラン湾の旧ソ連軍基地と対峙《たいじ》する役割があった。しかし冷戦終結や、91年のピナツボ火山噴火の影響などで、米側は撤退する。

その軍事空白をにらんだ中国が、南シナ海に食指を伸ばし始めた時期だった。スービック湾の再開発に乗り出した台湾に対する妨害工作で、中国からの関与があった、との見方もくすぶっていた。ただ、米軍が撤退したフィリピンの基地跡地に着目した李の政治家としてのセンスと行動力は、卓越していたと評価していいだろう。

残念ながら当時、李の狙い通りの成果は上がらなかったが、この政策は再び2016年5月、表舞台に現れた。2度目の政権交代を果たした民進党の蔡英文が、総統就任式で「新南向政策」を掲げた。貿易や投資に加え、文化や教育、医療なども含む広範囲な関係強化策を、いまも地道に進めている。

対中投資に制限「急がず忍耐強く」

総統の李登輝が旗振り役となって、東南アジアへの投資拡大を台湾企業に促した「南向政策」が不調だったのに対し、台湾の民間企業の間では資金や技術を台湾海峡の西側、中国に向かわせる「西進大陸」がブームになっていた。台湾の製造業には、何億人もの労働人口を抱え、距離的にも近い中国が魅力的と映った。

台湾当局の統計で、工場建設などの資金として台湾から中国に向かった投資総額は、1991年に約1億7400万ドル（当時のレートで約235億円）。これが95年に10億9300万ドルと、6倍以上も膨らんでいた。

96年6月まで3年あまり経済部長（経産相に相当）を務めた江丙坤《こうへいこん》（1932〜2018年）は「90年代前半の台湾は、経済界のみならず経済部（経産省に相当）も対中投資に積極的だった」と話した。「対中投資の成功は台湾経済も押し上げる。その結果、中国との政治交渉も有利に運べると考えていた」からだ。

中国大陸の広大な土地と数億人もの安価で豊富な労働力を「後背地」とする台湾を「アジア太平洋オペレーションセンター」にする構想が、江らの夢をかきたてていた。

ただ、経済界の一部には正反対の見方もあった。

96年3月の総統選で再選された李に、当時、第一商業銀行で董事長（会長）だった黄天麟《こうてんりん》（1929年生まれ）は「対中投資をこのまま続ければ台湾経済は沈む。量的、質的に制限する必要があるとの報告を提出した」と話す。

89年6月の天安門事件で停滞した海外からの資金や技術を呼び戻そうと、中国が法人税減免など破格の優遇策で台湾企業を狙い撃ちしていた。黄は「半導体やITなど重要産業の基幹技術が中国に奪われる」と訴えた。

その後、黄は96年8月15日付の新聞をみて、自らの報告が李に受け入れられたと感じた。李が8月14日の重要会議で「中国投資に過度の注意が向いて、間接的に台湾の国際競争力の衰退を招いている」と指摘したからだ。

李はさらに、翌9月14日に企業経営者に向け、その指摘を「戒急用忍《かいきゅうようにん》（急がず忍耐強く）」と説いて、ブームに乗った対中進出の急拡大を戒めた。その後、対中投資審査は厳格化され、1件あたりの投資額は上限が5千万ドルに制限された。ただ、李が訴えた「戒急用忍」は、台湾からの対中投資の禁止を意味するものではなかった。このあとに「行穏《こうおん》致遠《ちえん》（慎重に進め）」と続く。

対中進出をめぐる見方が割れていた状況で、投資抑制の政策に踏み込んだことについて李は「実のところ王永慶《おうえいけい》の対中投資計画を絶対に認めたくなかったんだ」と明かした。「技術流出で台湾が空洞化する」と考えていた。

李が警戒した王永慶（１９１７～２００８年）とは、合成繊維から石油化学まで幅広い製造部門をもつ巨大企業集団、台湾プラスチックのワンマン創業者で、対中進出に前のめりだった。中国福建省の発電所建設に対する4億2千万ドルもの投資認可を、台湾当局に申請していた。

だが王は96年8月14日の李の指摘が自分を狙い撃ちしたと理解したのか、当局から行政指導があったのか、直後に投資申請を取り下げている。

李は大規模なインフラ投資や巨額の工場建設などによる対中進出が、台湾の経済構造を根本的に揺るがすと懸念していた。アパレルや靴、雑貨など軽工業の対中進出などは抑制しなかった。

李には、96年8月下旬から台湾企業のトップ約70人が中国共産党の招きで中国市場の視察に向かうことも念頭にあった。「台湾の経営者には急がば回れ、中国より台湾で投資しなさいと言いたかった」と李は当時を振り返った。

李登輝が1996年8月に台湾からの対中投資急拡大を戒めた発言を報じた新聞を前に取材に応じた黄天麟＝2018年9月3日

李のこのときの一連の発言について、東京大学東洋文化研究所助教の黄偉修《こういしゅう》（1977年生まれ）は「台湾の経済界への警告のみならず、中国に対する強いメッセージになった。台湾と中国の経済関係で初めてブレーキをかけた瞬間であり、ターニングポイントだった」と分析している。

一方でこの発言は、台湾当

局として組織的に打ち出した政策ではなく、李がトップダウンで示した対中方針といえた。フィリピンのスービック湾再開発での失敗から、李は当局者との間に対中意識で溝があることを思い知らされ、トップダウンの道を模索していたのだろうか。それも「経済安全保障」の意味合いが強かった。

黄偉修の著書『李登輝政権の大陸政策決定過程』（大学教育出版）でその相克が詳細に書かれている。第一商業銀行の黄天麟らの提言のみならず、李の中国大陸政策スタッフ集団の中心人物として、張栄豊の名が挙げられている。

張は総統府幕僚として92年、李の密使として北京を訪れた曽永賢が当時、中国の国家主席だった楊尚昆《ようしょうこん》（1907~98年）と極秘会談した際に同行した人物だ。張は台湾の中華経済研究院で中国経済を研究する専門家でもあった。

張は李に対し、対中投資のメリットを認めつつも、中国の政治的不透明性や台湾の主権問題に起因するリスクは無視できない、と提言していた。張に対する李の信頼感は、李登輝政権の12年間で一貫していたようにみえる。

黄偉修の調査によると、張らのスタッフ集団の提言と、黄天麟ら第一商業銀行などによる提言はほぼ同時期に李に上げられたものの、横の連絡もつながりもなかった。

李は対中関係の拡大に傾いていた政府の見解以外に、独自に政府とは直接リンクしない総統府や、外部の経済専門家など、複数のグループにそれぞれ個別に、対中政策を政治面、経済面、人的交流面などの提言を内密に求め、それらを突き合わせることでパズルを組み立て、重大な政策転換となった自らの「戒急用忍」の考えの基礎にしたのではないだろうか。李政権によるトップダウンの政策決定のための情報収集と分析がこの時期、極めて有効に作用していた証と読める。

李の急ブレーキでひとまず、対中投資ブームの過熱はおさまった。ただ、シンガポールなどの第三国や香港・マカオを経由した対中投資は監視が難しく、台湾企業はさまざまな抜け道も探し始める。「上有政策、下有対策（お上に政策があれば、下々には対策がある）」とのしたたかさを示すのが、台湾の人々の強みでもあり、場合によっては悩ましいところでもある。そもそも中国大陸にルーツをもつ人々や国民党系の企業などは、対中進出に内心、うずうずしていた。

それでも第一商業銀行の董事長だった黄天麟は「あの時の李総統の英知が台湾経済を支える（半導体など）最後の砦《とりで》を守った」と考えている。技術流出への制限など明確な線引きをしなければ「台湾経済はとっくに中国にすべて取られていただろう」と振り返った。

江丙坤は2018年5月の取材で「あるとき講演で、中国大陸の経済が将来的に、GDP（国内総生産）規模でドイツや日本を超えて米国に並ぶ時代がくるかもしれない、と話したら、それを伝え聞いた李登輝総統にこっぴどく怒られたことがある」と明かした。江の表情は優しく、どこか懐かしそうでもあった。講演は1990年代半ばのことであったろう。

経済官僚として李に信頼され、関税貿易一般協定（GATT＝ガット、現・WTO）加盟交渉などでも手腕を認められて閣僚に引き上げられた江だったが、対中意識で2人にはズレがあった。中国経済に対する江や経済当局などの強い「期待感」に、李は危うさを感じていた。江らが描いた「アジア太平洋オペレーションセンター」はいま振り返れば、いわば中国大陸を事実上の経済植民地とみなす上から目線の構想で、当時は「比較優位」の立場にあった台湾が宗主国のように振る舞うイメージであったかもしれない。

中国経済の将来的な膨張は当時から予想できたことだが、それを果たして台湾がコントロールし続けられるかどうか、ましてや主権問題がからむ中で安全保障上、なんら楽観できる状況にはないと李は考えていた。

江の「GDP発言」を戒めたのは、平たく言えば「中国はおとなしく台湾の言うことを聞くような国ではない。経済発展はするにせよ、決して相手を甘く見るな」という意味なのだろう。話せば分かりあえるような相手ではない、いずれ逆手に取られて反撃にあう、と李は考えていたと受け取れる。実際、中台経済のパワーバランスはその後すぐに逆転し、李の予感は的中した。

対中政策で李との差異はあったが、日本の経済界からみれば、日本語も流暢《りゅうちょう》な江は李とともに台湾を代表する得難い人物であった。戦後の日台経済交流の拡大と深化に長年寄与し、国民党副主席や対中国窓口機関のトップを経て、2014年には東京スター銀行の会長に就任している。15年春の叙勲で、日本政府から旭日重光章も受章した。

江の同僚として現場で汗を流し続けた台日経済貿易発展基金会の元理事、李上甲《りじょうこう》（1927〜2014年）も忘れ難い。李上甲は2005年に旭日小綬章を叙勲している。2人とも日本と日本人の良いところ、悪いところも熟知した笑顔の似合う人情味あふれた国際人だった。

「国際機関を突破口に」WTO加盟

外交関係のない東南アジアなどと経済関係を拡大する「実務外交」に加え、総統の李登輝が力を注いできたのは台湾と国際組織の関係だ。「国連加盟国ではないと言われるなら、台湾は国際機関を突破口にすればいい（と考えていた）」と李は話した。手始めは台湾が加盟ずみだった国際金融機関、アジア開発銀行（ADB、本部マニラ）だった。

李は総統就任の翌年、1989年5月に北京で開かれたADB年次総会に、財政部長（財務相に相当）だった郭婉容《かくえんよう》（1930年生まれ）ら、台湾の代表団を東京経由で送り込んだ。

49年に台湾に逃れた国民党政権が閣僚を含む代表団を中国大陸に派遣するのは、このときが初めて。なおも国民党と共産党政権の「国共内戦」が、冷戦状態ながら続いていた時期だった。

89年6月に起きる天安門事件の直前で、北京では学生らの民主化要求デモが拡大していた。国際会議の場で、学生デモを抑圧する中国に対し、民主化を始めていた台湾との差が、図らずも際立つ結果になった。

そもそも台湾は「中華民国」として66年のADB発足時からのメンバー。一方で86年加盟の中国は、台湾を自国の一部という主張から「中国台湾」の名称でなければ台湾の参加を認めない、と圧力をかけてきた。

ただ李は「北京で（名称問題など）面倒を起こす必要はないと彼女（郭）に指示したんだ。台湾の主張を訴えればいい」と振り返った。郭は「タイペイ・チャイナ」の名称ながら堂々と渡り合った。李はここでも、名より実を取った。

米メディアは当時、北京での言動から郭を「オリーブを持ってきた女性」と評したという。中台関係の悪化も懸念された中で、高貴なふるまいで柔軟な対中姿勢をみせた郭の姿に、平和の象徴として国連のマークにも描かれたオリーブを重ねたようだ。郭は神戸大学で84（昭和59）年に経済学博士号を得て、台湾で戦後、女性で初めて閣僚となった才媛だ。それも李が総統就任直後から閣僚に引き上げた。

一方で日米主導型のADBに対し、中国主導で2016年に開業した国際金融機関、アジアインフラ投資銀行（AIIB）は、いまも台湾を排除している。

ADBの次に手を打ったのは、世界貿易機関（WTO）の前身であるガットと、アジア太平洋経済協力会議（ＡＰＥＣ）に対する新規の加盟申請だ。

李は「（中国から反発の大きい）国家としてではなく、独立した関税地域として加盟しよう」と、経済部（経産省に相当）に準備させ、貿易や通貨など台湾の独自政策が及ぶ地域として「台湾・澎湖《ぼうこ》・金門・馬祖《まそ》」の名称で１９９０年1月にガットに申請した。

経済官僚として手続きを担当し、後に経済部長など経済閣僚や立法院副院長（国会副議長に相当）を歴任した江丙坤はこの申請について「李総統の政治センスに舌を巻いた」と話した。中国に隙をみせなかった。

江によれば、経済力をつけていた台湾は90年代にガット加盟の基準を十分に満たしていたが、中国の圧力で中国が正式加盟した２００１年12月の翌月まで、台湾は加盟を待たされた。

他方、１９９１年11月に順調に加盟が認められたのがＡＰＥＣ。韓国で開かれたＡＰＥＣで台湾は「中華台北」の名称を使って参加し、同時に加盟した中国と政治的な軋轢《あつれき》を避けた。

だが、台湾が求めている世界保健機関（ＷＨＯ）年次総会へのオブザーバー参加は、日米英独などの支持にもかかわらず難航が続いている。２０１９年秋に湖北省武漢を感染源とする新型コロナウイルスが世界に拡大し、多数の死者など重大な被害を与える問題を引き起こした中国は、それでもなお、的確に防疫を続ける台湾のＷＨＯ正式参加をかたくなに拒み続けている。

「江沢民がミサイルを撃ち込んだ」

1995年7月、台湾海峡には極度の緊張が走っていた。中国が台湾北方の東シナ海に向け、発射訓練と称して弾道ミサイル計6発を発射した。台湾近海を狙った中国の弾道ミサイル発射は初めてだった。総統の李登輝が同年6月、米コーネル大学の招きで私人として訪米し、講演を行ったことに中国は反発していた。

米台急接近への牽制に加え「台湾独立分子」と敵視する李が96年3月の総統選で再選されぬよう、中国は台湾社会も威嚇した。

李は取材に「訪米は事前に（水面下で）中国に伝えた。だが江沢民《こうたくみん》（1926年生まれ）はミサイルを撃ち込んできた」と怒りを含む口調で答えた。それまで李は国家主席の江沢民とのトップ会談も模索してきたが、「ミサイルが中国の答えだった」と話した。

さらに米国も姿勢を硬化させた。95年8月にもミサイルを発射するなど、軍事演習で台湾への威嚇を繰り返した中国をにらんで、米軍は12月、空母ニミッツに台湾海峡を通過させた。

総統選が迫った96年3月、台湾の南方海域に向け中国は、またもミサイル発射を強行した。これに対し米軍は、ニミッツに加えインディペンデンスも台湾沖に派遣し、空母2隻で対抗姿勢を強めた。極めて異例な一触即発の事態だった。

中国の軍事演習ついて鄒景雯著『李登輝執政告白実録』は「中国にとっては逆効果」と評した。3月23日に投開票された総統選で結局、恫喝《どうかつ》に屈しなかった李が得票率54％で圧勝した。「中国が選挙で李を応援した」と同書は皮肉交じりに書いている。

しかも「台湾海峡危機が米台の軍事情報パイプを太めた」という。台湾は米国内法の「台湾関係法」が頼りだったが、情報交換は手探りだった。同書によると、李に直結していた国家安全保障会議（ＮＳＣ）幹部が米側の求めで訪米し、ニューヨークで3月11日、ホワイトハウスや国務省の高官と異例の会議を行った。外交関係のない米台が非公式ながら、外交軍事情報を高いレベルで共有するチャンネルを作ったといえる。

米国は別ルートでも首都ワシントンで、台湾側に詳細な情報を伝えてきていた。

産経新聞が入手した台湾駐米代表処から台北の外交部にあてた96年3月7日付の機密電報には、中国が台湾沖に向けて発射したミサイルの種類や時刻、着水地点など、国務省の情報が詳細に記載されていた。

しかも国務省は、同月の総統選で李が得票率50％以上で再選される可能性が高い、との選挙事前分析まで伝えてきていた。米台関係は中国の脅威でむしろ強まり、情報交換ルートも作られたのは皮肉だった。

米国の圧倒的な軍事力をみせつけられた格好の中国は3月15日、ミサイル演習を終えたが

「米空母に手出しできなかった状況を屈辱ととらえた中国が、自前の空母を持つことを決意する契機になった」と東京大学東洋文化研究所教授の松田康博は考えている。

それから23年を経て、2019年11月17日、中国海軍は初の純国産空母を、南シナ海に向けて台湾海峡を通過させた。同空母は「山東」と命名され、同年12月17日、海南島三亜を母港に就役した。

20年1月11日の台湾総統選を前に、李と同じく中国が「台湾独立分子」と警戒し再選を阻みたい総統の蔡英文を牽制した軍事行動だったろう。しかし24年前の選挙と同じ構図で、蔡は実に57・1％もの高い得票率で再選された。

中国の国内向け、人民解放軍の内部向けに必要な軍事パフォーマンスだったのかもしれないが、対台湾政策において中国は何ら歴史の教訓を学んでいないと言っていい。

機密費による日米への政治工作

李登輝の総統退任から2年近くが経過した2002年3月、台湾の週刊誌「壱週刊」が李政権時代の機密費をめぐるスクープ記事を掲載し、衝撃が走った。

情報機関、国家安全局が1994年に李の承認を受け、機密費から約35億台湾元（報道時の

右：1994年12月に訪台したブッシュ（父）元米大統領（右）とゴルフを楽しんだ李登輝
左：2003年8月に陳水扁（中央）から叙勲を受けた椎名素夫（左）。李登輝も同席した
（いずれも李登輝基金会提供）

レートで約130億円）の工作資金を出し、日米の有力者をメンバーとする極秘会合を組織したという。台湾の安全保障のため、日米に対する政治工作を行う目的だった。

96年3月の台湾総統選を控え、李の再選を阻もうと中国がミサイル演習を繰返して威嚇した際、この極秘ルートが機能して、米軍の空母2隻の急派が実現した、などと報じられた。

機密漏洩《ろうえい》として国家安全局が雑誌発行元を家宅捜索する騒ぎになったが、詳細はいまも不明なままだ。

この極秘会合は「明徳専案（プロジェクト）」と呼ばれていた。李は取材に対し「明徳専案で台湾と日米の間に密接な関係ができたんだ」と答えた。

李が断片的に話したところによると、明徳専案には米政界の有力者、日本からは衆参両院で議員を務めた椎名素夫（１９３０～２００７年）ら政財界人のほか、外務省の現役官僚も含まれていた。「数カ月に1回、日米台のいずれかで会議をした」という。

明徳専案が始まったとされる94年、米元大統領の父ブッシュ（１９２４～２０１８年）が12月に訪台しており、李とゴルフを楽しんだ写真が残されている。ここで何らかのトップ級極秘合意があったと考えるのが自然だ。

台湾側は国家安全局に加え、日米の政財界と太いパイプを持つ李の側近、彭栄次《ほうえいじ》（１９３４年生まれ）も調整役だった。李によると明徳専案に椎名を推挙したのは彭だ。ただ、椎名が具体的にどのような役割を果たしたかなど、彭は「明徳専案について国家機密に関わる法律があり、何も話せない」と口をつぐんだ。

彭に限らず、明徳専案について関係者の口は一様に重い。ただ、96年3月の当時、国民党で秘書長（幹事長）だった許水徳《きょすいとく》（１９３１年生まれ）は機密費の出どころについて「李総統は私に党務は任せっきりだった。党から拠出したことはない」と断言した。

一方で匿名を条件に取材に応じた関係者は「李登輝は金庫番の人物を通じ、国民党が戦後接収した日本統治時代の資産を利用して、株式投資などで新たに（機密費のための）資金を捻出していた」との見方を示した。政府予算や既存の資金の流用ではなく、ニューマネーを生み出した上での「機密費」だったとする情報だ。

明徳専案は、李の後任総統となった陳水扁《ちんすいへん》（1950年生まれ）にも引き継がれ、陳政権の国防部長（国防相に相当）訪米実現でも機能したとされている。

2011年になって、検察当局は国家安全局の機密費を流用した反汚職条例違反（公金横領）の罪で李を起訴した。だが、14年8月の二審での無罪判決を受けて検察が上告を断念し、李の無罪が確定している。

李は機密費の問題に限らず、一般論として「カネを使えば軍事紛争を防げたり、台湾の地位を高めたり民主化を進めたりすることができるなら、どんどん使えばいいじゃないか。カネと権力は国家のために使うものだ」と話して、現実的な政治家の顔をみせた。

李はしかし、きっぱりと公と私を分けねば気が済まない性分でもあり、私腹を肥やした人物は容赦なく更迭してきた経緯がある。

そんな姿を、李とも親しい財界人、東元集団会長の黄茂雄《こうしげお》（1939年生まれ）は笑顔を絶やさず「したたかな二刀流だよ。李登輝さんは」と評した。

「国連への加盟めざせ」

「台湾の国連加盟に向けて3年以内に積極的に行動する」。李登輝は1993年4月の演説で、台湾の国連加盟への意志を初めて時期を示し、明確化した。李がめざす「正常な国家」に欠かせない政策だった。

李の念頭には、91年に韓国と北朝鮮が同時に国連加盟を果たしたことがあった。中国と台湾が同時加盟する道も開けるとの期待感がめばえていた。

経済協力や実務外交をテコに、台湾は李の総統就任後、外交関係をもつ国（※2）の数を23から30まで増やした。92年に韓国が中国と国交を結び、台湾と断交して29に減らした。ただ71年の国連脱退後、減少の一途だった友邦国の大幅増加で、李が自信を深めたのは確かだった。

93年8月、台湾と外交関係をもつグアテマラなど中米7カ国が、国連総会で台湾の加盟問題を討議するよう、決議案を発表した。台湾側の水面下の要請によるものだろうが、国連総会の運営委は9月、これを却下し、門前払いとなった。国連加盟でかくも正面突破は容易ではないが、李は次善の策も考えていた。

台湾の政治シンクタンクの幹部によると、台湾か中国か、との二者択一を相手国に迫るのではなく、台湾も中国も、と国交で「二重承認」してくれる国を積み重ね、台湾が外交関係をもつ国を40、50と増やしていけば、国連加盟の道が開けると李は戦術を練った。

過去に中国と「国連代表権」を争った時代の発想はすでになく、台湾として新規加盟する道を探っていた。

93年当時、外交関係のあった南アフリカの行方がそのカギを握っていた。台湾にとって国家

南アフリカの政党アフリカ民族会議（ANC）議長として初訪台したマンデラ（左）を案内する李登輝＝1993年7月31日（李登輝基金会提供）

の規模で最大の友邦国であり、南アが中台双方を承認すれば、アフリカや中南米でも追随する国が現れる、と踏んだ。

李は南アで反アパルトヘイト（人種隔離）闘争を率いたマンデラ（1918～2013年）と親しい関係を築いた。白人支配の人種差別と闘い、国家として正常化する道筋を作ったマンデラに共感したからだ。

李は「94年の大統領選ではマンデラさんをずいぶん支援した。南アをつなぎとめたよ」と明かした。

2002年の台湾での報道では、1994年に機密費から約1100万ドル（94年のレートで約11億2千万円）が李の指示で南アに送られた。李は言葉を濁したが、マンデラへの選挙支援だった可能性が高い。むろん政治的打算があった。

マンデラは91年、反アパルトヘイト闘争を続けた政党のアフリカ民族会議（ANC）議長に就任した。だがANCは長年、中国から資金支援を受けており、ANCが政権を握れば、南アは国交を台湾から中国に切り替える恐れがあった。

一方、李との関係からかマンデラは「中国とはいずれ国交を結ぶが、台湾とは断交しない」と異例の発言を繰り返していた。中台双方と国交をもつ初の国家になる可能性があった。

李は大統領に当選したマンデラの94年5月の就任式に出席している。南アとの外交関係のつなぎとめに数年は成功したが、98年1月に南アが中国と国交を結ぶ段になり、結局、台湾と断交した。「二重承認」にかけた李の夢は、中国の強硬な姿勢の前についえた。

李は「当時の外交努力が実らなかったことはいまも心残り」だと話す。だが2018年2月の記者会見の席で李は「住民投票によって国号を『台湾』に変え、国連に加盟申請しよう」と訴えた。「正常な国家」をめざす闘いはなおも続く。

初の平和的な政権交代

2000年3月18日に投開票された台湾史上2回目の総統直接選は、李登輝が後任として推した国民党候補、連戦《れんせん》（1936年生まれ）の惨敗で終わった。

当選した野党、民進党の陳水扁に、得票率で16ポイント以上も水をあけられた。しかも、国民党を飛び出して無所属で出馬した宋楚瑜《そうそゆ》（１９４２年生まれ）にまで14ポイント近い差をつけられた。

李は取材に「連戦を総統にして、私は（総統よりも権限の強い）国民党主席の立場で、台湾の民主化を次の段階に進めるつもりだったんだ」と、悔しさをにじませながら明かした。当時を知る関係者によれば、政権末期の李は少数の側近に取り囲まれて、党内情勢や選挙戦について誤った情報しか聞かされず、同時に外部の見方や助言に耳を傾けなくなっていたという。

李には誤算があった。選挙の３年も前、74歳だった１９９７年に次期総統選に出馬しない、と表明したことだ。憲法の規定では再出馬も可能だった。副総統だった連がその後、次期総統の候補者になる。

台湾政治に詳しい東京外国語大学教授、小笠原欣幸《よしゆき》の近著『台湾総統選挙』（晃洋書房）によると、これが宋の強い反発を招いて「国民党分裂の導火線」になった。97年の当時、台湾省長だった宋には連へのライバル心と強烈な政治的野心があった。

宋は中国湖南省生まれの外省人だが、88年の蔣経国急死で総統に昇格した李を助け、李に批判的だった国民党内の勢力を説得して李を党主席につけた立役者だった。90年代前半まで李と宋は強い信頼関係で結ばれていた。一時はまるで親子のよう、と形容されたこともあったほどだ。

ところが李は、94年の選挙で台湾省長になり「禁じていたバラまき政治で地方の有力者を取り込み、私腹まで肥やす信用できない男になった」と酷評し、宋を切り捨てた。宋は99年にも横領疑惑が発覚している。李は公私の区別をはっきり分けねば気が済まない性分だ。とりわけ金銭にまつわるグレーな行為は徹底的に忌み嫌う。

ただ、李が97年という早い段階で進退を明確にせず、直前まで連と宋を競わせて党内を引き締めていれば、2000年の選挙結果や民主化のその後の道筋も違っていたかもしれない。盤石な支持層のあった国民党は、宋の出馬で票が割れ、結果的に陳が漁夫の利を得た。

李が当時、後継者に連を選んだことを李の台湾大学時代からの親友、彭明敏《ほうめいびん》（1923年生まれ）は厳しい目でみる。「李登輝は良くも悪くも日本人的な性格で思い込んだら信じ込む。従順で優秀な台湾人と見えたのだろうが、連戦の意識は台湾の民主化よりも中国に向かっていた」と話す。

彭は、台湾大学教授時代に教え子だった連の中国寄りの考えを見抜いていた。国民党幹部だった連の父親は台湾出身の本省人だが母親は外省人で、連は中国陝西省西安で生まれ育った。

余談だが、2005年4月から5月にかけ、国民党主席の立場で訪中した連戦に台北から同行取材した筆者の記事に、連の親中反日の姿勢が示されている。

国民党、訪中の旅終える　連戦氏ルーツ大陸に思い

【上海＝河崎真澄】（05年）4月26日から中国大陸を訪れていた台湾の最大野党、中国国民党の連戦主席は（5月）3日、上海から香港経由で台北に戻った。訪中を見渡すと、かつて中国全土を支配した国民党、そして戸籍上は本省人（台湾籍）ながら中国育ちの連氏自身のいずれにとっても、ルーツは台湾ではなく中国大陸にあることを印象づけたようだ。それは、連氏が「中華民族」を前面に押し出した中台の結束を訪問中強調したことにはっきり現れた。

連氏は訪問中の4月30日、１９４９年の中台分断後初めて実際の故郷である西安（陝西省）を訪問。母校の小学校で約２６００人の児童から歓迎の出迎えを受け、思わず涙ぐんだ。

母校であいさつに立った連氏は「『連戦』という名は奇妙に聞こえるだろう」と由来を語った。連戦氏は台南出身の祖父、連横《れんおう》氏と父親の連震東《れんしんとう》氏が日本の台湾統治に反発して大陸に渡り、国民党の下で抗日戦争に参加していた１９３６年に西安で生まれた。「祖父の考えで男の子には日本との戦いに連戦戦勝するよう『連戦』と名づけられた」と話すと、子供たちから拍手がわいた。

連家はもともと台南の名家で、連横氏は「台湾通史」を書いた著名な歴史学者。連戦氏は大陸で10歳まで育ち、46年に台湾に渡った。

このため連氏は、時に「台湾人」、時に「中国人」の顔を使い分ける。台湾での2度にわたる総統選挙などでは、本省人としての支持を台湾住民に訴えてきたが、今回の訪中では西安生まれの中国人を演じたといえる。

連戦氏が生まれた年の末、故郷・西安で「西安事件」が起きている。共産党軍の掃討作戦を指揮した張学良《ちょうがくりょう》（1901～2001年）が、督戦に訪れた蔣介石《しょうかいせき》（1887～1975年）を西安で監禁して挙国抗日を迫った事件であり、この結果、2度目の国共合作が成立した。

西安市内で、連氏はこの国共合作に触れ、「中華民族が存亡の危機にあるとき、国民党と共産党は抗日統一戦線で全面勝利を収めた。再び両岸関係を発展させ、中華民族の偉大な復興に向け前進しよう」と話した。

さらに、かつての首都南京で国民党の創設者、孫文《そんぶん》（1866～1925年）の墓「中山陵」を参拝した4月27日には「和平、奮闘、そして中国を救うという孫文先生の思想が中華民族を発展させた」として清朝を倒した革命家として中台で敬愛される孫文をたたえた。また「対日抗戦勝利60年の今年、中山陵を参拝できたことに感謝する」と話して拍手を浴びた。

日本を「共通の敵」とした国共合作に連氏が繰り返し言及した背景として、日台関係筋は、台湾海峡問題の「平和的解決」を掲げた日米共通戦略目標を挙げて、中国側が国民党を取り込むことで台湾の世論を分断し、中華民族による「反日包囲網」を構築する戦略ではないかと指摘する。だとすれば、連氏は中国側の期待した役割を十分果たしたといえそうだ。

（２００５年5月4日付産経新聞）

同年5月10日付の産経新聞国際面に掲載されたコラム「台湾有情」でも、そのときの連戦の表情と台湾の受け止めを書いた。

台湾にもし「流行語大賞」があるならば、今年は4月30日に突如として生まれて急速に広がった、このセリフに決まりだ。「おじいさん、お帰りなさい　ついにお帰りになったのですね！」

訪中時に、生まれ故郷の西安の土をこの日、戦後、初めて踏んだ国民党の連戦主席を迎えた母校の小学生たちの歓迎式典でのセリフだ。壇上の子供たちが情感のこもったセリフに時代がかった節をつけ、振りをつけて演技したのだが、その場を取材した１００人ほどの記者やカメラマンたちはみな、笑いをかみ殺した。

「なんだか北朝鮮のマスゲームみたいで気味が悪いね。子供たちにこんな演技をさせるなんて」と、台湾有力紙の記者。子供の素直な喜びではなく、どこか全体主義国家のにおいがプンプンしていたからだ。この演技に涙をみせたのは連おじいさんひとり。随行員の中ですら笑いをかみ殺す姿もみえた。

おふざけで携帯電話の着メロに冒頭のセリフを吹きこんだ台湾の若者がテレビに登場し笑いを誘った。連氏訪中に反発した与党議員などは「連おじいさん、もう帰ってこなくていいですよ」と、セリフをもじった演技で記者会見した。

ただ、台湾に本当に「帰ってきてほしくない」のは連氏よりも「全体主義国家」の恐怖なのだと改めて感じた。

(河崎真澄)

2000年3月。李は結局、連の敗北で責任を取り、選挙の6日後に国民党主席を辞任した。選挙の2カ月後、5月20日の就任式で陳水扁に総統印を渡し、李は12年に及んだ総統の職を離れた。改めて当時の印象を問われた李は「平和的な政権交代だったな」と振り返った。

蔣経国の時代から李登輝の時代まで、総統の警護を引き継いできた王燕軍《おうえんぐん》(1962年生まれ)によると、李は総統を退任する直前、すべての警護人員を招いた夕食会を公邸で行い、こう言ったという。「この12年間、みなさんは頑張った。台湾の民主発展の歴史に立ち会ったことと思う。守ってくれてありがとう」。総統時代の李にとって、民主化プロセスはいわば、命がけであった。

陳水扁（右）の総統就任式で総統府前の民衆に手を振って別れを告げた李登輝＝2000年5月20日（李登輝基金会提供）

総統選は李が描いたシナリオ通りにはいかなかったが、中華文化圏で歴史上、初めて民主選挙による政権交代が行われた事実を、国際社会が目撃した瞬間だった。振り返って李が感じた達成感も大きかったに違いない。

２０２０年１月11日に行われた総統選挙は、有権者による直接投票となってから７回目だった。

（※1）**一国二制度**（222頁）

中国が一つの国家主権の下で社会主義制度に加え、限定された地域だけに民主主義の制度維持を許すしくみ。1997年に英国から返還された香港や、99年にポルトガルから返還されたマカオをそれぞれ「特別行政区」とし、外交や防衛を除く「高度な自治」を50年間にわたり保障した。習近平政権は統一を狙う台湾にも、その受け入れを迫っている。

（※2）**台湾の外交関係**（248頁）

台湾は「中華民国」の名称で2020年4月の段階でバチカンやパラオなど15カ国と外交関係がある。かつて国連の常任理事国だったが、1971年に「中華人民共和国」が唯一の中国代表として国連に加盟し、台湾は脱退した。民進党の蔡英文政権が2016年に発足した後、中国は再び外交攻勢をしかけ、パナマなど7カ国に承認国を台湾から中国に切り替えさせた。

第8章

日本よ、台湾よ

「日本政府の肝っ玉は小さい」

2001（平成13）年4月22日午後6時すぎ。李登輝《りとうき》は夫人の曽文恵《そうぶんけい》の手を握りながら関西空港のゲートに姿を現した。訪日は16年ぶりで、前年に台湾の総統を退任してからは、初めてだった。

岡山県倉敷市の病院で心臓病専門医から治療を受けるためだったが、李へのビザ（査証）発給を日本政府は当初、しぶっていた。李の訪日を「政治目的だ」と抗議した中国政府への配慮が、見え隠れしていた。

台湾と外交関係のない日本は、総統や行政院長（首相に相当）など、現職要人の訪日を原則として認めていない。退任後も訪日は事前の承認を求められた。

「日本政府の肝っ玉はネズミより小さい。人道的な理由でも日本に行けないのはおかしい」

李は台北郊外の事務所で記者団にこう話し、曖昧な姿勢の日本政府を突き上げた。関西空港に降り立つ7日前、4月15日のことだった。記者会見に同席していた李の秘書で、元イスラエル代表（大使に相当）や駐日副代表（公使）を歴任した鍾振宏《しようしんこう》（1929～2019年）によれば、この日、李にしては珍しく気色ばんでいた。

日本の対台湾窓口機関である交流協会（現・日本台湾交流協会）の台北事務所（大使館に相当）に書類を携え、李のビザを4月10日に申請したのは、水面下で日本側との交渉役を担った李の側近、彭栄次《ほうえいじ》（1934年生まれ）だ。

だが4月11日、当時の官房長官、福田康夫が外務省からの報告を元に記者会見で「（李のビザ）申請および受理の事実はない」と述べたことが、李をいら立たせた。

夫人の曽文恵（右から2人目）の手を引いて関西空港のゲートに姿を見せた李登輝＝2001年4月22日

さまざまな混乱の末、4月20日になって、首相の森喜朗が外相の河野洋平に李のビザ発給を指示する。

その経緯をめぐって彭は「南シナ海上空で中国軍機と空中接触した米軍偵察機が、中国に緊急着陸した事件がビザ発給で最後の後押しをした」と意外なことを口にした。日本のある政府高官から、後に聞かされたのだという。

空中接触は直前の4月1日に起きた。この後、中国政府が4月11日、米軍機乗員24人について「人道主義にかんがみ出国手続きを許可する」と表明したのがカギだった。

これに日本の政官界で李訪日を支持する関係者が反応した。「中国が『人道主義』を持ち出して対米摩擦の回避を図ったことを逆手に取れば、中国も日本国内の親中派も説得できる」と考え、巻き返しに出た。

知ってか知らずか、李の側も「人道」を強調し、世論に訴えた。偶然にもこのタイミングで起きた米中間の事件が、李の訪日を実現する要因の一つになった。

李登輝がこのとき、訪日を希望したのは、2000年11月に台湾で受けた心臓手術に立ち会った日本人の専門医から、半年後の検査や継続治療が必要とされていたからだ。

だが日本の医師免許のみでは、台湾で直接の医療行為はできない。李の主治医らも設備の整った倉敷の病院での治療が望ましいと判断した。

一方、李の訪日に難色を示したのは「チャイナスクール」（※1）と呼ばれた親中派の日本人外交官だった。

当時、外務副大臣だった衛藤征士郎と、拓殖大学客員教授の小枝義人の共著『検証　李登輝訪日　日本外交の転換点』（ビイング・ネット・プレス）によると、外務省アジア大洋州局長だった槙田邦彦が、交流協会（現・日本台湾交流協会）の台北事務所長（現在の呼称は代表、

訪日時に宿泊した都内のホテルで、昼食会の李登輝（右）のあいさつ文について打ち合わせをする李登輝基金会の王燕軍秘書長＝2015年7月25日（早川友久提供）

日本の台湾大使に相当）に対し、李からのビザ申請を「慎重に扱え」と指示したという。

交流協会は外務省と経済産業省が共管する機関だった。現地から「ビザ申請書類は届けられたが台北事務所長の預かりで、受理はしていない」など苦しい説明をつけ、外務省に報告した。

その一方、当時、台湾の駐日代表（大使に相当）だった羅福全《らふくぜん》（１９３５年生まれ）は「森喜朗総理と福田康夫官房長官、安倍晋三官房副長官（いずれも当時）に何度も会い、『米国大統領も退任後、半年たてば民間人扱いだ。なぜ台湾の退任総統はだめか』と説いて回った」と話した。

福田は李の訪日は急ぐべきではない、と慎重姿勢だったが、「福田先生と（参議院議員の）椎名素夫先生と（李の側近の）彭栄次さんと会食した際、（李と親しかった）椎名先生から厳しい口調で怒鳴り上げられた福田先生が歩み寄ってくれた」と羅は明かした。

中国の反発や国内の親中派の抵抗を受けても、日本政府が最後にビザ発給に動いた背景で、羅は「産経や読売、朝日、毎日、日経と東京の在京6大紙が社説の論調でそろって訪日を支持した」ことも挙げた。「人道問題を訴えた点が世論を動かし、総理も官房長官も味方につけた」という。

総統退任後も李の警護を続けていた王燕軍《おうえんぐん》（1962年生まれ）は「（総統退任後で）最初の訪日が重要だった。交流協会や（警備を担当する）日本の警察関係者との信頼関係を築くことができた。訪日したときは毎日、深夜3時ごろまで（翌日の李の動きなど日本側と）ひとつひとつ確認していった」と話した。王はあらゆる場面で李の信頼を得て、いまも李登輝基金会秘書長として、身辺を守り続けている。

李は「あのとき（2001年4月）の訪日が突破口になった」と話す。3年後の年末年始、2回目の訪日で李は京都に作家、司馬遼太郎（1923～96年）の墓参りに訪れ、「念願を果たした」と話した。1994年に『街道をゆく　四十　台湾紀行』を著した司馬との心の交友を、李はずっと大切にしてきていた。

中国との関係拡大に傾きがちな日本社会に対し、李は訪日のたびに台湾の存在感を示し続けた。「台湾のトップセールスマン」の役割を自らが演じていた。

「決めるのは日本でも中国でもない」

台湾の総統を2000年に退任した後、18年まで計9回にわたって訪日している李登輝だが、1988年から12年間の在任中は一度も、日本の土を踏めなかった。その間に李は少なくとも2回、訪日を試みたものの阻まれた経緯がある。

元副総理、金丸信(1914~96年)による90年5月の訪台が最初のきっかけだ。金丸は再任された李の総統就任式に出席し、91年6月にも訪台している。

李は、台湾と外交関係のある中南米歴訪の際、経由地として日本への立ち寄りが可能かどうか、金丸に打診したようだ。李の側近である彭栄次は「金丸さんはOKだと言ったので、李さんも『日本に行ける』と思っていた」と明かす。

ところが、中国の駐日大使だった楊振亜《ようしんあ》(1928~2018年)が李の訪日情報をつかんだ。楊が元首相、竹下登を訪ねて李の訪日阻止を求め、その後、竹下が金丸を説き伏せて、計画は立ち消えになったという。竹下が2000年6月に死去した際に、楊が共産党機関紙、人民日報に寄稿した追悼文で明かした。

彭は「自民党が李さんを国民党の主席として日本に招く(政党外交の)手法をとれば(訪日

は）実現できたはず」と話し、幻《まぼろし》になった計画を残念がった。

ただ、１９８９年に北京で起きた天安門事件の後、日本政府は中国の孤立回避を訴えていた。事件後、西側の首脳として初めて首相の海部俊樹が91年8月に訪中するなど、当時の日本の政治力学は、中国側に大きく傾いていた。

李は次の照準を、95年11月に大阪で開かれるアジア太平洋経済協力会議（ＡＰＥＣ）に合わせた。台湾は91年からＡＰＥＣ正式メンバーで、李は非公式首脳会議に出席を希望していた。しかも李はＡＰＥＣの場を借り、中国共産党の総書記（国家主席）である江沢民《こうたくみん》（１９２６年生まれ）と大阪で、中台の政党トップ同士の肩書で会談することまで提案した。いわば「一石二鳥」を狙っていた。

だが李が95年6月、母校コーネル大学の招待で訪米したことに抗議した中国が台湾沖で弾道ミサイル演習を行い、情勢は暗転した。

さらに李への追い打ちとなったのは、日本政府の動きだった。台湾総統府の直属機関、國史館が２００８年に出版した『李登輝總統訪談錄』（四）によると、李は「日本の外務省がある米国人を派遣して、私に（ＡＰＥＣ）出席を断念させようとした」と語った。国際組織の正式メンバーとして、だれを出席させるか、決めるのは「日本でも、まして中国でもない」と李は突っぱねた。

不信感は募ったが、最終的に李は「日本政府に迷惑をかけるのは本意ではない」として、対中窓口機関の海峡交流基金会理事長だった財界人の辜振甫《こしんぽ》（1917～2005年）を大阪APECに参加させた。

訪日にこだわったことについて李は「李登輝が日本に行けないとなると、台湾と日本の関係がおかしくなる」と話した。訪米まで実現した「李登輝」が訪日を拒まれ続けるなら、親日的な台湾の世論にも変化が生じかねない、との懸念が李にあったからだろう。

総統退任後の2001年4月、李は16年ぶりに訪日したが、その翌年、慶應義塾大学の学生向け講演で東京に招かれていながら、ビザ（査証）発給は拒まれた。手を替え品を替え訪日を阻んだ日本政府に対し、李は七転び八起きで挑んでいた。

龍馬の船中八策が政治改革の手本

「総統の在任中はもちろん、退任してからもしばらくは誰にも言わなかったけどね、台湾の民主化と政治改革には坂本龍馬の『船中八策』（※2）が大きく影響したんだ」と李登輝は話した。

龍馬が建白した8カ条の国家構想は、幕末の日本が封建的な社会から立憲国家に発展した明治維新の基礎とされる。李は蔣介石《しょうかいせき》（1887～1975年）らが中国大陸から戦後、持ち込んだ中国的な旧弊から、台湾を新たな民主社会に脱皮をさせようと奮闘した。

李が口をつぐんでいたのは、台湾では政敵やメディアから「日本びいき」と批判されることが多く、龍馬や船中八策への言及で、不毛な政治論争に巻き込まれるのを避けるためだった。

２００９（平成21）年9月6日、李は総統退任後、５回目の訪日で高知市にある龍馬の像を訪ねた。「龍馬は日本人であってどこか日本人ではない。日本を変える使命を帯びて天から降りてきたと感じた」と李は話した。

この日、李は初めて龍馬の「『船中八策』と台湾の政治改革」と題する講演を公の場で行い、龍馬の故郷で思いのたけを語った。当時、李の日本担当秘書だった小栗山雪枝（１９４４年生まれ）によると、李は講演で船中八策の第一議「天下ノ政権ヲ朝廷ニ奉還セシメ、政令宜シク朝廷ヨリ出ヅベキ事」を、台湾の政治と民主化になぞらえた。

幕府を「台湾の対中統一派」、薩長の倒幕派を「台湾独立派」とすれば、そのいずれでもない朝廷、台湾なら総統府に政治権力を集め「民主主義国家」をめざす道を選んだという。

中国国民党の一党独裁が続いた戦後の台湾は、現在の中国と同じく「党の下に政府がある」という支配体制だった。だが李は総統時代に憲法を改正し、総統を台湾の有権者が直接選ぶ選挙を１９９６年3月に初めて行い、政治を変えた。

ただ、李は総統として当初から「船中八策」を意識していたわけではない。

97年4月、松下電器産業（現・パナソニック）の創業者、松下幸之助（１８９４〜１９８９

年）の秘書を長年、務めた江口克彦（１９４０年生まれ）から李にあてた手紙に、台湾の政治改革を船中八策に託して提言する記述があった。

江口の手紙に触れて李は「自分が進めてきた政治改革と民主化の考え方は、まさに船中八策だったと気づかされた」のだという。

戦前の台湾で日本統治時代の教育を受けた李は、無意識のうちに幕末の志士の姿や明治維新を、政治家の自分の方向性に重ねてきたのかもしれない。それが江口の指摘ではっきりした。

李はその後、船中八策を心の中で改めて意識し、政治改革を加速していく。江口は李に手紙を送った理由を「李総統が進めていた政治改革が当時、明治維新に重なってみえたからだ」と話した。李は江口と意気投合して、交友を深めた。

江口は幸之助が創設したＰＨＰ研究所で99年、李の日本語による著書『台湾の主張』を出版する。「一国二制度を明確に拒否」する記述など、踏み込んだ内容で関心を呼び、日本で20万部、同時に台湾で発売された中国語版も１００万部を売る大ヒットになった。

「国家の将来は教育で決まる」

「台湾の歴史、台湾の地理、自分のルーツなどをもっと国民学校の教育に入れろといってるんです」

台北で司馬遼太郎と1994年に行った対談で、李登輝は台湾の教育を覆っていた根深い問題点を指摘した。

「台湾のことを教えずに（中国）大陸のことばかり覚えさせるなんて、ばかげた教育でした」とまで踏み込んだ。現役の総統としては異例の発言だろう。

戦後台湾は中国大陸由来の国民党政権の下、学校では「正々堂々とした中国人になれ」と説き、小中学生に、古代からの中国皇帝の名をすべて暗記させた。しかも日中戦争を戦った国民党側の歴史観で「反日教育」が続けられていた。

発言が本心から出たことは、李政権の教育改革で97年秋に採用が始まった歴史教科書で明らかになる。

日本の対台湾窓口機関である日本台湾交流協会の前台北事務所代表（大使に相当）、沼田幹夫（1950年生まれ）は、このときの教育改革で「いま30代前半か、それより若い世代の台湾の人々の対日理解が大きく変わった」と話した。

中学生向けの教科書『認識臺灣（台湾を知る）歴史篇』（98年正式初版、116ページ）は、5万年前の先住民から始まった台湾そのものの歴史を描いている。

以前はほとんど教えられなかった終戦までの日本統治時代50年間について、教育の普及や、インフラ整備などを詳細に記述した。

統治に反発した抗日事件も触れられているが、史実として客観的に書かれている。この教科書では全体の4分の1を超える30ページ以上で、台湾と日本の歴史上の関わりが示されていた。

政治的バイアスのかかっていない台湾史を学んだ青少年は、中国や日本に対する公平な視点をもった。歴史以外にも、地理や社会で教科書の改革が進んだ。

▼台湾の歴史教科書『認識台湾』

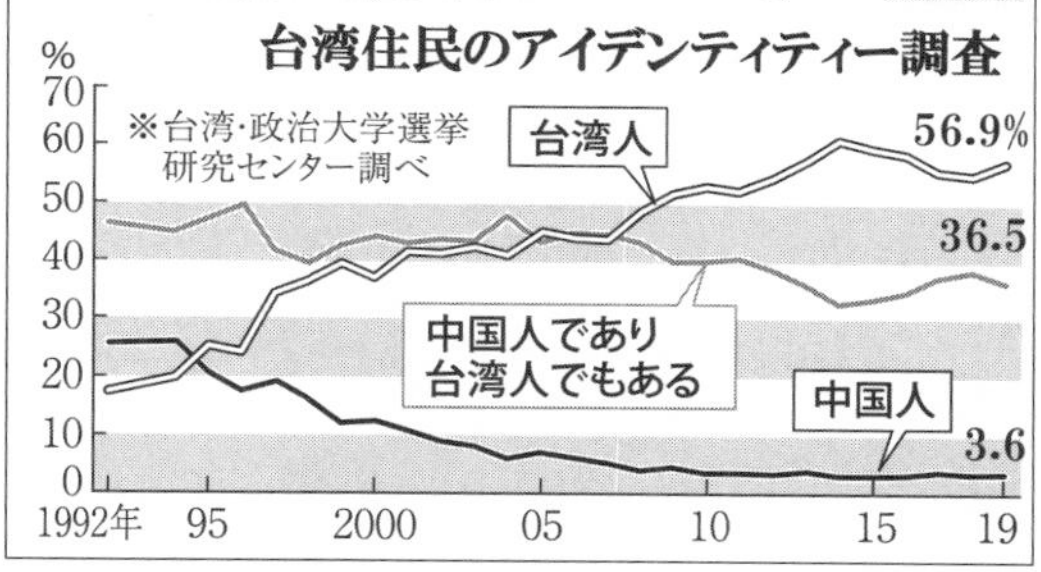

それまで台湾で曖昧な面もあった「自分は中国人なのか、台湾人なのか」とのアイデンティティー（帰属意識）のゆらぎは「台湾人」への収斂《しゅうれん》が始まる。

台湾総統府の直属学術研究機関、中央研究院の元副研究員、林泉忠《りんせんちゅう》（1964年生まれ）は「『認識臺灣』の登場は教育の台湾化を象徴した。その影響は大きく（台湾はそもそも独立国家だったと考える）『天然独』と呼ばれる新しい世代が生まれた」と話す。

両親や祖父母が中国大陸出身の外省人家庭でも、二世や三世が「天然独」に染まるケースが出始めた。

台湾の政治大学が行ってきた「台湾住民アイデンティティー調査」に、意識変化が映し出されている。

自分を「台湾人だ」とする回答は92年に17・6％にすぎなかった。だが「中国人でもあり台湾人でもある」「中国人だ」との回答が減少して逆転。２００８年から「台湾人だ」が最多を続ける。『認識臺灣』で学んだ世代が増え、社会に出始める時期に重なる。

興味深い数字の近似がある。19年の調査で「台湾人だ」は56・9％。他方、「中国人でもあり台湾人でもある」と「中国人だ」との回答は計40・1％だった。

一方、20年1月11日の総統選で「一国二制度」拒否など中国離れを訴え、再選された民進党、蔡英文《さいえいぶん》（１９５６年生まれ）の得票率は57・1％。対中融和的とされる野党、国民党と親民党の２人の得票率を合わせると42・9％だ。

偶然か、それとも必然の結果か。李はかねて「国家の将来は教育でこそ決まるんだ」と話している。

震災地への支援が深めた絆

1999年9月21日の午前2時前。台北市内の総統官邸で書類を読んでいた李登輝は異変に気付いた。

「電灯の光がだんだん弱まり、消えたかと思ったら数秒して激しい揺れを感じた」。台湾中部で発生したマグニチュード（M）7・6規模の大地震だった。

専用機で台中に飛んだ李は早朝から被災地で陣頭指揮を始める。軍の参謀総長を同行させていた。「震災の救援で欠かせないのは軍だ」と李は考えている。

京都帝国大学（現・京都大学）在学中に旧日本陸軍に入隊した李は45年3月、東京大空襲に遭遇していた。負傷者の救助や倒壊した建物の処理など「空爆の被災地で軍部隊に指揮した『戦場整理』の経験が、地震の被災地で役立った」と話す。

李は在留邦人にも目を配った。台中日本人会が後に発行した書籍『揺れた 崩れた でも頑張った』によると、震源地に近い台中の日本人学校（児童生徒計127人）に震災翌月の7日に、李が視察に訪れた。

深夜の震災で学校での人的な被害はなかったが、校舎は全壊。その場で移転が必要と判断した李は、翌日すぐに代替地をみつけ、関係者に伝えてきたという。同書は「異例の早さで2000年末に新たな地に校舎再建のめどが立った」と、李への謝意を示している。

震災当日、海外から真っ先に到着したのが、日本政府が派遣した計145人の国際緊急援助隊だった。李によると、この震災で、台湾人の多くは日本の援助隊の行動に驚いたという。黙々と生存者の捜索を続け、遺体を発見するたびに敬礼し、黙禱《もくとう》を捧《ささ》げ、家族に「救命できずに申し訳ない」とわびた日本の援助隊の姿が連日、テレビに映し出された。台湾では見慣れなかった光景だといい「あのとき台湾と日本の関係がぐっと近づいた」と李は話す。

李や司馬遼太郎とも親しかった実業家の蔡焜燦《さいこんさん》（1927～2017年）が生前、こんな話をしてくれたことがある。99年9月の震災の後、蔡の息子の一人が「親父の言っていたことは正しかった。やっと気づいたよ」と言ってくれたという。

当時、40歳代の息子で、戦後の国民党政権の教育を60～70年代に受けた世代だ。子供のころから蔡に「日本時代の台湾では苦しいこともあったが、実はこんな良いこともあった、あんな良い日本人もいた」と話して聞かされて育った。だが一方で、学校で習った歴史や対日観と親父の話は矛盾していた。

どちらかといえば息子は日本人への反感も抱いていたが、「震災で台湾に派遣された日本の救援隊の行動をみて初めて、親父の話していたことの意味がわかった。学校で教わったことが間違っていた」と話したという。蔡は「あのときの息子の言葉は本当にうれしかったな」と振

台湾の中部大地震の被災地で活動した日本の救援隊（左）を激励した李登輝＝1999年9月24日

り返った。

その震災の縁なのか、2011（平成23）年3月11日の東日本大震災では200億円を超える義援金が台湾から届く。今度は日本人が驚かされる番だった。

台湾中部の震災で関係が深まったのは被災地支援だけではなかった。

1999年の当時、国際入札が進んでいた台北―高雄間の約350キロを1時間半で結ぶ高速鉄道の建設計画で、新幹線技術を提案した日本企業連合が、入札の初期段階までは優勢だった欧州勢を逆転して、車両と機電システムの優先交渉権を得る。震災から3カ月後の12月末のことだった。

建設計画や国際入札は民間の高速鉄道会社が行っていた。李は「震災後に（鉄道会社の）トップに日本の新幹線に変えなさい、と説得したんだ」と明かす。

震災前から李は地震対策や安全性などから、新幹線の技術が台湾の実情に合うと主張してきた。民間案件で李や政府に決定権はなかったが、それまで欧州勢に注目していた鉄道会社の幹部は震災後、新幹線の耐震技術に改めて関心を寄せるようになったという。

この鉄道会社は、99年12月初め、ＪＲ東海社長（現・名誉会長）の葛西敬之（１９４０年生まれ）を台北に招いて、セミナーを開く。葛西は「95年１月の阪神・淡路大震災で（新幹線の）危機管理が機能した経緯を話した」という。このとき総統公邸に招かれた葛西は、李に「台湾の高速鉄道には新幹線技術が必要だ」と説いた。

優先交渉権を得た日本勢は翌年12月、正式契約を結んだ。２００７年に開業した高速鉄道に、こうして日本の技術が採用された。

震災は不幸な出来事ではあったが、自然災害の多い日本と台湾の協力関係を深める契機になっていた。

本音を聞いた唯一の台北特派員

司馬遼太郎は『街道をゆく　四十　台湾紀行』にこう書いた。「日本のどの新聞社も台北に支局を置いていないが、吉田氏の属する産経新聞社だけは、例外である」。１９９３年1月に台湾を訪れたときだ。

「吉田氏」とは当時、産経新聞の特派員で、台北支局長だった吉田信行（１９４１年生まれ）のこと。司馬の台湾取材を助け、94年3月には再訪した司馬を総統府に案内して、李登輝との対談にも立ち会った。

72年に日本が台湾と断交した後、産経を除くメディアは続々と台北を去り、拠点を北京に移していく。台湾において唯一、産経のみが支局を置き、台湾報道を続けた日本メディアである時代が長く続いた。

一方、67年に中国から北京特派員の国外退去処分を受けた産経は98年、北京にも中国総局を開設することにこぎつけ、日本のメディアとして初めて中台双方に拠点を置いた。北京一辺倒だった日本のメディアはこの動きをみて産経に追随し、台北にも支局を置き始めるようになった。台湾についての報道が増え始めたのは、このころからだ。

この間、91年1月から3年半、台北支局長だった吉田は、民主化に乗り出した初期の李の動きを、現地でつぶさに取材したほぼ唯一の日本人記者であった。

吉田は李が当初、「外省人（中国大陸出身者）との関係にピリピリ神経をとがらせていた」と感じた。

90年代初めに台北を訪れて李と会食した日本の首相経験者が「李登輝さんも中国との統一を

望んでいるようだったぞ」と吉田に感想を述べた。だが、その会食には行政院長だった郝柏村《かくはくそん》（1919～2020年）も同席していたと聞き、吉田は「李登輝の本音と建前は違うんですよ」と解説したという。

国民党政権は当時、郝ら外省人が中枢にあって、本省人（台湾出身者）である李の発言力は弱かった。

蔣介石時代からの悲願であった国民党による「中国統一」はすでに実現不可能だったが、建前に異議を唱えることは難しかった。

そもそも李の本音は「台湾を民主主義の正常な国家にすること」にあった。おくびにも出さなかったのは、李の失脚を狙う郝らに「台湾独立派」とレッテルを貼られ、政治攻撃される恐れがあったからだ。

「李登輝が強気に出るようになったのは、91年12月に『万年国会』が解消されてから」と吉田は話す。

国民党政権が49年に台湾に逃れる前に中国大陸で選出され、そのまま改選されずに総統の選出機関「国民大会」の代表を台湾で何十年も続けていた約700人に、李は多額の退職金と引き換えの引退を迫った。

同じく立法院（国会に相当）でも万年議員を引退させ、外省人の政治勢力を徐々に弱体化させた。「その後の選挙で本省人の代表や議員が増えるようになって初めて自信をつけた」と吉

産経新聞の元台北支局長、吉田信行（左）と総統府で握手する李登輝＝1995年8月18日（李登輝基金会提供）

田は李政権をみていた。

李は「オフレコだ」とクギをさしながら吉田にはさまざまな本音を語った。

例えば後継者選び。２０００年の総統選で李は国民党候補に連戦《れんせん》（１９３６年生まれ）を出馬させる。結果的に連は落選したが、１９９２年7月の取材で、本省人の連を後継者に考えている、と打ち明けていた。

吉田は「頑固一徹な設計主義者」と李を評した。

後継者のみならず、90年代の早い段階で総統直接選の導入など、李は何年も先の青写真を描いていた。

だれよりも忍耐強く、時期を待って実践躬《じっせんきゅう》行《こう》するのが李のスタイルだった。

「リーンと鳴った電話を受けた助手の曽《そう》（宝《ほう》

琴《きん》）さんが驚いていたよ」と吉田は思い出し笑いした。李の信頼を得ていたのだろう。産経の台北支局にある日、日本語で「もしもし、総統の李登輝だが」と直接、李が電話をかけてきた。携帯電話もメールもない時代。2人のホットラインは、吉田が帰任するまで続いた。

中国支配に「ノー」 200万人の「人間の鎖」

2004年2月28日のこと。約200万人が台湾の北から南まで約490キロも手をつなぎ、中国の位置する西の方角に向かって「人間の鎖」を作った。「中国の弾道ミサイルから台湾を守ろう」と訴えていた。

李登輝も台湾北西部の苗栗《びょうりつ》で夫人の曽文恵や、現役総統だった陳水扁《ちんすいへん》（1950年生まれ）と「鎖」に加わった。「民主や人権、尊厳は、努力なしに空から降ってこない。中国の台湾支配に明確に『ノー』を突き付けた」と李は話した。

00年に総統を退任して国民党も離党した李は政治的しがらみもなく、民主化運動に一段と力を入れた。

人間の鎖は政治団体、台湾独立建国連盟の主席だった黄昭堂《こうしょうどう》（1932〜2011年）らが主導し、李に呼びかけ人を依頼した。

バルト三国の市民約200万人が、1989年8月23日に600キロ以上も手をつないで作った人間の鎖がヒントだ。黄は「バルト三国は当時のソ連支配に強く抗議した。台湾を威圧する中国との関係と同じだ」と考えていた。2004年の人間の鎖は、台湾のデモで過去最大規模となった。

この年の3月20日、総統選で陳は対抗馬の国民党候補を破って再選されるが、得票率わずか0・2ポイントの小差だった。しかも陳政権は2期8年の間、立法院は野党の国民党が多数派で、ねじれ現象から政治混乱が続いていた。

08年の総統選では、対中関係改善を訴えていた国民党の馬英九《ばえいきゅう》（1950年生まれ）が勝ち、2度目の政権交代が起きた。経済の対中傾斜が強まっていく。

しかし、馬政権2期目の14年3月18日、異例のデモが起きる。馬政権が前年に中国と調印した「サービス貿易協定」の批准に反対した学生らが、台北市内の立法院を占拠した。李は「中国への依存度が過度に高まることに危機を感じた台湾学生の行動力に打たれた」と話す。

結局、国民党側が協定を断念し「ヒマワリ学生運動」と呼ばれた議会占拠は3週間で自発的に撤退して終わった。04年2月の人間の鎖と同じく、中国に「ノー」を突き付けた運動だった。

一方、その影響は海を渡っていく。香港で14年9月に起きた学生らの街頭占拠デモ「雨傘運動」だ。香港で行政長官の選挙から中国当局の影響力を排除し、民主的な直接選に制度を変えるよう求め、３カ月近く続いたデモだった。

学生リーダーの一人で当時はまだ17歳だった香港人の黄之鋒（ジョシュア・ウォン）は「台湾のヒマワリ運動をみて香港も闘えると思った」と語った。

雨傘運動は強制排除されて敗北したが、黄之鋒らはその後、ヒマワリ運動の学生と水面下の交流を深め、市民との連携方法などを学んだ。16年1月、台湾総統選での民進党による政権奪回も目の当たりにして、再び立ち上がった。

香港から中国本土への容疑者の引き渡しを可能にする「逃亡犯条例」改正に反発した若者らが、19年から抗議活動を続けている。

抗議の一環として同年8月23日に香港で、40キロの長さの人間の鎖ができた。バルト三国から30年、台湾から15年。独裁国家に平和的な手法で対抗する人間の鎖が時空を超えてつながった。

「学生や若者が政治を変えるんだ。彼らの力を信じている」。李の基本的な考えはいまも変わらない。

「まだまだですよ、台湾は」

「歴史に名を刻むなんて考えたこともないな。李登輝は李登輝だったで十分じゃないか」。2017年10月6日のこと。台北郊外の自宅で取材に応じた元総統の李登輝は、何十年か先の歴史書に「李登輝」はどう評価されているだろうかとの質問に、こう答えた。

続けて李は「人にあまり言ったことがないが（自分が死を迎えたら）遺灰は新高山《にいたかやま》にまいてほしい（と家族に頼んでいる）」と明かした。「死ぬことはなにも怖くない。日本軍人として戦争に行った。総統としても働いた。最も高い山から台湾を見守り続ける。いつまでも離れない」とその心境を説明してみせた。

新高山は日本統治時代の名で現在は玉山《ぎょくざん》。標高3950メートルを超える。富士山より200メートル近くも高い。

京都帝国大学や米コーネル大学で学んだ農業経済の学者だった李。国民党政権の権力者だった蔣介石の長男で、農業改革をめざしていた蔣経国《しょうけいこく》（1910～88年）の目に留まった。1960年代のことだ。自ら「歴史の偶然で総統になった」と話す。

そもそも功名心や政治的な野心もない。夫人の曽文恵にいわせれば「故郷の台湾を愛する根っからの台湾人」こそ李の素顔だ。

その李が2000年5月に総統を退任した後に、語るようになったのは「我是不是我的我（私は私でない私）」との考え方だった。

難解な言い方だが「私のため」に生きるのではなく「公のため」に尽くすのが「私だ」だと悟ったと李はいう。「死を認識して初めて、どう生きるかを考えることができる」とも付け加えた。図らずも総統になった李は「私」を捨てて台湾のために働くことだけを考えたというのだ。

しかも李は「『我是不是我的我』という生き方ができる若者が、台湾や日本にはたくさんいる。こういう人たちが国家を作っていくんだ」とも強調した。

19年12月24日の夕方。クリスチャン一家の李の自宅は、クリスマス礼拝を前に華やいだ雰囲気に包まれていた。15分だけ李にあいさつする機会を得ていた。

くつろいだガウン姿で現れた李に「台湾の民主化はここまで進んできましたね」と水を向けた。年明けの20年1月11日に総統直接選を控えたタイミングだった。李が憲法改正にこぎつけ、1996年3月に初めて、有権者による直接投票でトップを選んでから、7回目の選挙。台湾の民主主義は進化を続けてきた。

だが李は、にこやかな表情ながら「いや、まだまだですよ。まだまだ台湾には問題がある」とだけ答えた。日本語で言った「まだまだ」が何を指すのか。

台北郊外の自宅で筆者の取材に応じた李登輝＝2017年10月6日

この日、その詳細は聞けなかったが、李が生涯をかけて進めてきた台湾の民主化や国際社会における地位の確立は、なおも未完で努力を続けねばならない、との意味だと受け止めた。

自らもまだだやらねばならぬことがある、と笑顔の李は言いたげだった。

（※1）**チャイナスクール**（262頁）

日本の外務省で入省後に中国語研修を受けた地域スペシャリストの通称。対中関係構築が主な任務で、政治的な摩擦を避けようと北京寄りの言動をする傾向があった。北朝鮮からの亡命者による2002年の瀋陽日本総領事館への駆け込み事件をめぐり、当時の中国大使らの冷淡な対応が「親中派だ」と批判され、存在が知られるようになった。

（※2）**船中八策**（267頁）

幕末の志士で土佐藩郷士の坂本龍馬が、慶応3（1867）年に起草した8カ条の国家構想。藩主の山内容堂への建白として幕政の返上、議会の設置、人材の登用、外交と独立、憲法の制定、海軍の増強、帝都の防衛、貨幣の制度を、長崎から上京する船中で書いたとされる。「大政奉還」や明治政府の「五箇条の御誓文」に結実した。

あとがき

2004年の暮れから05年の年明けにかけ、李登輝《りとうき》氏は家族を伴って総統退任後、2度目の訪日を果たした。そのとき台北支局長だった私は、訪日の全行程に同行取材した。最終日に李登輝氏が司馬遼太郎氏の墓前に向かったときの光景を、いまも深く心に刻んでいる。当時、書いた産経新聞朝刊の記事を、少し長くなるが次に取り上げておきたい。

台湾の前総統、李登輝氏(81)は(2005年1月)2日、京都市東山区の西本願寺大谷本廟にある作家、司馬遼太郎氏の墓前に花を手向けた。これで7日間の訪日日程を終え、同日夕に関西国際空港から帰途に就いた。

1996年に亡くなった司馬氏は、著書『台湾紀行』の取材で夫人とともに台北を訪れ、当時総統だった李氏の日本語の口調を「旧制高校生」と評するなど、親交を深めていた。

94年の対談では、李氏が司馬氏に語った「台湾人に生まれた悲哀」という言葉が、台湾の人々に広く共感を呼んでいる。

また、李氏は、曽文恵《そうぶんけい》夫人（78）が元日に京都で司馬氏のみどり夫人にあてて書いたという色紙を、墓前で産経新聞記者に託した＝**写真**。

色紙には「司馬先生にささげる」として「彼岸にて　やさしきまなこで今もなほ　台湾国の　平和目（見）守らる」との歌が、夫人の署名とともに端正な日本語で書かれていた。

李氏は今回の訪日の感想として「日本政府と国民の皆さまや在日台湾人の方々の親切なおもてなし、ご配慮に深く感謝の意を表します。進歩の中でも伝統が失われていない日本の社会を強く感じました」と語った。

台湾の前総統、李登輝氏が、訪日中に幾度となく口にした言葉は、日本人の「哲学」と「秩序」だった。それは「考え方」と「社会」と言い換えてもよかった。

雪が降り積もる銀閣寺を歩きながら「行き詰まったとき考え抜いて活路を見いだす西田幾多郎の哲学」を引き

合いに出してこう言った。「日本人の考え方が台湾の国づくりに役立つことに改めて気づいた。日本のような国、秩序がいい」

石川県かほく市の「西田幾多郎記念哲学館」を訪ねた際には、愛読書の西田哲学「善の研究」に関する展示からなかなか離れようとしなかった。

日本教育を受け、旧制台北高校から京都帝国大学農学部に進み、終戦までの若き日々を京都や名古屋などで過ごした李氏。観光旅行として日本を再訪したのは戦後初めてだが、李氏の関心は風景や温泉や食事よりも、もっぱら「日本人」に注がれていた。

京大時代の恩師、柏祐賢《かしわすけかた》氏（97）とは61年ぶりの再会を果たした。

農業経済学の権威として知られる柏氏の「柏学説」は、やはり農業経済で博士号を取得し、その研究を戦後台湾の経済政策で実践した李氏の「原点」ともいえる。手渡された「柏祐賢著作集」を手に、柏氏に寄り添うように研究内容について問いかけた姿は「青年李登輝」そのものだった。

新年に墓参することは台湾社会ではタブー。あえて司馬遼太郎氏の墓を訪ねたのは、94年の対談で李氏が語った「台湾人に生まれた悲哀」との言葉が司馬氏の死後、台湾民主化の進展で「台湾人に生まれた幸福」へと変化したことを、どうしても「親友」に報告したかったからだ。

中国国民党が支配した外来政権時代は過ぎ、台湾は台湾人のものとなった。李氏は「（例えば）ゴミひとつ落ちていない社会。日本のそういう秩序が台湾の国づくりに欠かせない」という。「公」より「私」が優先された国民党政権時代の残滓が「台湾自立」の足かせになっていると李氏は言いたげだ。

李氏は、危機をバネに困難を克服、成長を遂げようとする日本人の強さの根底が「哲学」「秩序」にあると肌で感じ、その「力」を台湾でも応用するすべに思いをめぐらせている。同時に「日本人」を原風景とする李氏は、現代の「日本人」にもそのことを伝えようとしているに違いない。

金沢から名古屋に向かう列車の車窓から、雪化粧した田園風景を眺めていた李氏は、自らに言い聞かせるような口調で言った。「この国は（バブル崩壊後の）スランプから十数年で抜け出したなあ。日本の良さが残っている。この国は伸びますよ。まだまだ」

（台北支局長　河崎真澄）

（２００５年1月3日付産経新聞朝刊）

墓参から15年が経過した２０２０年1月、司馬氏がその目で見届けることのできなかった台湾の有権者による初めての総統直接選が行われた１９９６年3月から数えて7度目の投票で、民主進歩党の蔡英文《さいえいぶん》総統が再選された。

96年からの24年間で、台湾では３度の政権交代があり、台湾の民主主義は選挙のたびに磨かれ、人々は自信を深めてきたように見える。

台北での94年3月の対談の折に、司馬氏は「李先生、できれば（96年3月の）次の選挙に出るのはおよしなさい。あなたのためです」と諭したことがあるという。

李登輝氏は「（台湾の複雑な政治社会から）私を庇《かば》おうとする善意の気持ちからであることはよくわかった」としながらも「当時の台湾は（中国国民党という）『外来政権』の残滓を払《ふっ》拭《しょく》できておらず、私にはまだやり残したことがある。結果的に私は司馬さんの助言に背くことになった」と、著書『新・台湾の主張』（ＰＨＰ研究所）に書いている。

もし李登輝氏がいま、台湾の成長に目を見張る司馬氏とみどり夫人に会うことができたら、李登輝氏はやはり、司馬氏にこう言うだろう。

「いやいや、まだまだですよ、台湾は」

２０１９年12月24日、台北郊外の自宅で15分だけとの約束で会った私が、翌年１月の総統選挙を控えて李登輝氏に「台湾の民主化はここまで進んできましたね」と水を向けた時に笑顔で答えた一言だ。

05年１月に果たした司馬氏墓参の数日前、李登輝氏が列車の窓から風景をながめてポツリといった「日本の良さが残っている。この国は伸びますよ。まだまだ」との一言に呼応しているように、私には感じられた。

日本も台湾もまだまだ伸びる。まだまだ努力が足りない。これで出来上がりだ、完成だ、などということはない。自分もまだまだ、やらねばならないことがある。李登輝氏は、そういいたげだ。その一言を聞いて司馬氏やみどり夫人はたぶん、何もいわずに大きく頷いて、李登輝氏と曽文恵夫人に満面の笑みをみせることだろう。

産経新聞には歴史的な人物に焦点をあてた長期連載「秘録」の伝統がある。1974年から76年まで掲載された『蔣介石秘録』を始め、『毛沢東秘録』や『鄧小平秘録』、さらに『スターリン秘録』や『ルーズベルト秘録』へと広がった。

尊敬するきら星のような先輩記者たちが名を連ねた「秘録」のひとつに、本当に自分が関われる日が来るとは思いもよらなかった。むろん、数多くの先人が積み上げた土台と石垣があって初めて、そこにもう一つ石を積み重ねることができたに過ぎない。偶然が重なって、『李登輝秘録』を書くという人生最大の幸運をたぐり寄せられたことに、深く感謝している。

台北支局長として私が赴任した翌年、2003年の暮れのこと。当時、相談役だった羽佐間重彰・産経新聞元会長が出張で台湾に来られた。台北の街の散策にお供していたとき、羽佐間氏がふと、「いずれ『李登輝秘録』を書くつもりで、証言や資料をためておけよな」と、笑顔で話してくれたことがある。実のところ、この一言こそ『李登輝秘録』の原点だった。第7代台湾総督、明石元次郎の最初の墓所であった林森公園近くを、2人で静かに歩いていたときのことだった。

1928年生まれの羽佐間氏は、世代的に近い李登輝氏と心を許す関係にあり、2人の日本語の会話を脇で聞いていると、まさに旧制高校生どうしのようであった。旧制麻布中学や旧制富山高校に学んだ羽佐間氏も、旧制台北高校で学んだ李登輝氏と同じ時代の空気を吸った仲間、という意識があったのだろう。

羽佐間氏も李登輝氏と同じく、握手する手が温かく、笑顔と立ち姿がとびきり、格好いい。いくつになられても、2人の姿は旧制高校生のままだ。

李登輝夫妻と筆者＝2016年11月7日

それから12年近く経過した2015年の秋、私が上海支局長の時代、思うところあって、社長の熊坂隆光氏（現相談役）に『李登輝秘録』の取材と執筆の希望を恐る恐る直訴したところ、思いがけず快諾していただいた。このことに、いまも深く感謝している。

連載の取材にあたっては、飯塚浩彦・現社長や前編集局長の乾正人・現論説委員長にもハッパをかけていただいた。さもなくば『李登輝秘録』への志は、途中で折れていたかもしれない。その後、最大限の支援をしていただいた井口文彦編集局長や、渡辺浩生部長、田中靖人・前台北支局長を始めとする外信部の同僚など、関係者の一人ひとりに、この場を借りて感謝したい。

書籍化にあたっては、産経新聞出版の瀬尾友子編集長、担当の市川雄二氏に全面的な指導をしていただいた。深く御礼を申し上げる。

取材に応じてくださった数多くの台湾、中国、米国、そして日本の方々にも、この場を借りて感謝の意を表したい。とりわけ台湾の対日窓口機関、亜東関係協会の元会長、彭栄次《ほうえいじ》・台湾輸送機械董事長には、長年にわたってお世話になった。彭栄次氏は李登輝氏の側近中の側近で、15年秋の叙勲では「旭日重光章」を受けられている。

度重なる取材の調整や膨大な資料の提供をしていただいた李登輝基金会の王燕軍《おうえんぐん》秘書長、早川友久秘書にも深く感謝を申し上げる。

本書に何度か登場する今は亡き台湾の親父、蔡焜燦《さいこんさん》氏と黄昭堂《こうしょうどう》氏、そして母親代わりの阮《げん》美姝《みす》氏らはみな、天国できっと、この本を心待ちにしてくれているだろう。

もちろん最大級の謝意と敬意を払わねばならないのは、李登輝元総統と曽文恵夫人だ。台湾では結婚後も配偶者が姓を変える必要はないが、夫の姓をつけて「李曽文恵」とすることがある。墓参の際に同行取材していた私に託された司馬氏とみどり夫人にあてた色紙にも、美しい毛筆で「李曽文恵」と書かれていた。

李登輝夫妻に今も接することができるのは最大の喜びである。書籍化にあたって李登輝元総統には貴重な一文もお寄せいただだいた。ますますお元気に、台湾と日本と世界を見守り続けていただきたいと、心から願っている。

本書は、台湾や香港などの読者向けに、繁体字の中国語版としても出版される。台湾と日本と地域の近現代史を「李登輝」という人物を通して掘り下げたノンフィクションが、一人でも多くの読者の目に留まることを願っている。

司馬氏は著書『台湾紀行』をこう締めくくった。

「台湾の話、これでおわる。脳裏の雨は、降りやまないが」

大変、僭越ながら、本書を大先輩である司馬氏とみどり夫人、台湾の民主化を成し遂げた李登輝氏と李曽文恵夫人、そしてすべての台湾人にささげたい。本当にありがとうございました。

2020年5月15日

河崎眞澄

◈幻の講演原稿「日本人の精神」全文

危機時代を乗り切る指針

経済新人会の森本代表、三田祭幹事会の皆様、ご来賓の皆様、こんにちは！　ただ今ご紹介を受けました李登輝です。

この度、三田祭開催を前にして、金美齢女史と経済新人会の森本代表、河野先生が10月15日にわざわざ台湾にいらっしゃいました。そして私に三田祭、経済新人会主催の講演で「日本精神」について話して貰えないかと招聘《しょうへい》状をいただきました。私はこれは難しい題目だなあと知りながら、しかし、即座によいでしょうと返答しました。これにはいろんな理由があります。

一つは三田祭幹事会の皆さんが若き学生であり、そして日本精神について知りたいということは、日本の現状と将来について、考えに考えたあげく、この問題を私に求めたものと思います。こんな立派な若者が日本にたくさんいることを知り、すっかり私の心を打つものがありました。

第二に私は、かつて日本の植民地・台湾で生まれ、かなり日本および日本についての教育を受け、最近はまた、新渡戸稲造《にとべいなぞう》氏の武士道、すなわち日本人の精神について、その解題（分析）を書き、日本精神についてかなり考える機会を与えられました。

いま、私たちの住む人類社会は未曾有《みぞう》の危機に直面しています。地球規模の大戦や骨肉相食《は》む血みどろの内戦や紛争の20世紀が終わり、平和や繁栄の時代が到来したと安堵《あんど》したのも束《つか》の間、世界ではますます不穏が続き、２００１年の９月11日にニューヨークやワシントンを多発的に襲った未曾有のテロ事件が発生しました。

まさに、人類社会自体が危機竿頭《かんとう》の大状況に直面しているときだけに、世界有数の経済大国であり、平和主義である「日本および日本人」に対する国際社会の期待と希望は、ますます大きくなると断言せざるを得ません。数千年にわたり積み重ねてきた「日本文化」の輝かしい歴史と伝統が、60億人の人類全体に対する強力な指導国家としての資質と実力を明確に示しており、世界の人々から篤《あつ》い尊敬と信頼を集めているからです。

この指導国家の資質と実力とは何でしょう。

これこそは日本人が最も誇りと思うべき古今東西を通じて誤らぬ普遍的価値である日本精神でしょう。人類社会がいま直面している恐るべき危機状態を乗り切っていくために、絶対必要不可欠な精神的指針なのではないでしょうか。

しかるに、まことに残念なことに１９４５年以後の日本において、このような代え難い日本精神の特有な指導理念や道徳規範が全否定されました。日本の過去はすべて間違っていたという「自己否定」な行為へと暴走して行ったのです。

日本の過去には政治、教育や文化の面で誤った指導があったかもしれませんが、また、素晴らしい面もたくさんあったと私はいまだに信じて疑わないだけに、こんな完全な「自己否定」傾向がいまだに日本社会の根底部分に渦巻いており、事あるごとに、日本および日本人としての誇りを奪い自信を喪失させずにおかないことに心を痛めるものの一人であります。これらが、私をして三田祭講演の招聘状を即座に承諾させた理由でもあります。

皆様に日本精神は何ぞやと、抽象論を掲げて説明するだけの実力を私は持っておりません。（司馬遼太郎の著書『台湾紀行』に〝老台北《ラオタイペイ》〟として登場する実業家の）蔡焜燦《さいこんさん》さんの書かれました『台湾人と日本精神』みたいな立派な本をもって説明することもできません。私としては日本の若い皆さんに、私が知っている具体的な人物や、その人の業績を説明し、これが日本精神の表れです、普遍的価値ですと説明した方が、皆さんにもわかりやすく、また、日本人としての誇りと偉大さを皆で習っていけると考えるものであります。

台湾の水利事業に尽くした八田與一

台湾で最も愛される日本人の一人、八田與一《はったよいち》について説明しましょう。

八田與一といっても、日本では誰もピンとこないでしょうが、台湾では嘉義台南平野15万町歩（1町歩はおよそ1ヘクタール）の農地と60万人の農民から神のごとく祭られ、銅像が立てられ、ご夫妻の墓が造られ、毎年の命日は農民によりお祭りが行われています。彼が作った烏《う》山頭《さんとう》ダムとともに永遠に台湾の人民から慕われ、その功績が称《たた》えられるでしょう。

八田與一氏は１８８６年に石川県金沢市に生まれ、第四高等学校を経て１９１０年に東大の土木工学科を卒業しました。卒業後まもなく台湾総督府《そうとくふ》土木局に勤め始めてから、56歳で亡くなるまで、ほぼ全生涯を台湾で過ごし、台湾のために尽くしました。

１８９５年に日本の領土になったころ、台湾は人口約３００万人、社会の治安が乱れ、アヘンの風習、マラリアやコレラなどの伝染病などの原因で、きわめて近代化の遅れた土地であり、歴代3代の台湾総督は抗日ゲリラ討伐に明け暮れた時代でありました。第4代の児玉《こだま》（源《げん》太郎《たろう》）総督が民政長官の後藤新平《ごとうしんぺい》氏を伴って赴任した１８９８年ごろに、台湾の日本による開発が初めて大いに発展しました。

八田與一氏が台湾に赴任するのは、後藤新平時代が終了した１９０６年以降のことです。後藤新平時代に台湾の近代化が大いに進んだとはいえ、以前があまりに遅れていたこともあり、八田氏が精力を傾けることになる河川水利事業や土地改革はまだまだ極めて遅れていました。

台湾に赴任してまもなく、台北の南方、桃園台地を灌漑《かんがい》する農業水路の桃園大圳《たいしゅう》の調査設計を行い１９１６年に着工、１９２１年に完成しましたが、灌漑面積は3万5千町歩でありました。これが今日の石門ダムの前身であります。

この工事の途中から旧台南州嘉南大圳《かなんたいしゅう》水利組合が設立され、八田氏は総統府を退職して組合に入り、10年間をその水源である烏山頭貯水池事務所長として、工事実施に携わりました。嘉南平野15万町歩を灌漑するために、北に濁水渓幹線、南に烏山頭ダム幹線の2大幹線を築造し、曽文渓からの取水隧道《しゅすいずいどう》によってダムに1億6千万トンの貯水を行ったものであり、土堰堤《どえんてい》築造工法としてセミハイドロリックフィル（反射水式）工法が採用されました。

この工事の完成によってほとんど不毛のこの地域15万町歩に毎年8万3千トンの米と甘蔗《かんしょ》（サトウキビ）、その他の雑作が収穫されるようになりました。

その時分では東洋一の灌漑土木工事として、10年の歳月と（当時のお金で）5400万円の予算で1930年にこの事業を完成したときの八田氏はなんと、44歳の若さでありました。嘉南大圳の完成は世界の土木界に驚嘆と称賛の声を上げさせ「嘉南大圳の父」として60万の農民から畏敬《いけい》の念に満ちた言葉で称えられました。

台湾に残した三つのもの

八田與一氏への恩を忘れないようにしたのは何でしょうか？　古川勝三《ふるかわかつみ》氏の著作からの引用ですが、八田與一があの若さでこの偉大な仕事を通じて台湾に残したものが三つあると思います。

一つは嘉南大圳。不毛の大地といわれた嘉南平野を台湾最大の穀倉地帯に変えた嘉南大圳を抜きにして八田氏は語れません。二つ目は八田氏の独創的な物事に対する考え方です。今日の日本人が持ち得なかった実行力と独創性には目を見張るものがあります。三つ目は八田氏の生き方や思想は、我らに日本的なものを教えてくれます。

これら諸点について具体的な諸事実を並べて話しましょう。

一、まず嘉南大圳の特徴についてみましょう。（1）灌漑面積は15万町歩、水源は濁水渓系統5万2千町歩、烏山頭系9万8千町歩。灌漑方式は3年輪作給水法（2）烏山頭ダムの規模、堰堤長1273メートル、高さ56メートル、給水量1億5千万トン、土堰堤はセミハイドロリックフィル工法採用（3）水路の規模、給水路1万キロ、排水路6千キロ、防水護岸堤防228キロ。

このような巨大な土木工事をわずか32歳で設計に取りかかり、34歳で現場監督として指揮をした八田氏の才能には頭が下がります。戦後の日本における近代農業用水事業の象徴である愛知用水の10倍を超える事業なんだと考えれば、うなずけるものと思います。そして烏山頭は東洋唯一の湿地式堰堤であり、アメリカ土木学会は特に「八田ダム」と命名し、学会誌上で世界に紹介したものです。

しかし嘉南大圳が完成しても、それですべてが終わったというわけにはいきません。ハードウエアは完成しましたが、それを維持管理し有機的に活用するためのソフトウエアが大切です。農民はその大地を使って農作物を作り、生産力を上げなければ嘉南大圳は生きたものになりません。農民への技術指導が連日、組合の手によって繰り返されました。その甲斐《かい》あって3年目には成果が顕著になってきました。かくして不毛の地、嘉南平野は台湾の穀倉地帯に変貌《へんぼう》を遂げたのです。

その成果には（1）農民が被る洪水、干魃《かんばつ》、塩害の三重苦が解消したこと（2）3年輪作給水法によって全農民の稲作技術が向上したこと（3）買い手のない不毛の大地が給水によって地価が2倍、3倍の上昇を招き、全体では9540万円もの価値を生んだ。この金額は当時の全工事費を上回る金額であった（4）農民の生活はこれによって一変し、新しい家の増築や子供の教育費に回す余裕がでてきたことがあげられます。

二、次は八田氏の独創的なものの考え方を述べなければなりません。以上述べた嘉南大圳の巨大な工事に対して、当時として常識はずれの独創的方法が採用されました。

その一つはセミハイドロリックフィル工法の採用です。この方法は東洋では誰も手がけたことがなく、アメリカでさえもこのような大きな規模の工事では採用されていなかった。この工法を採用したのには、それなりの理由がありました。

まず地震です。この地帯は断層があちこちに発生しており、地震強度は6度以上もあります。この工法は粘土による中心羽金層を堰堤の中心に造り、浸透水を遮断して堰堤に決壊を防ぐアースダム方式です。この工法を遂行するには、300トンの大量の土砂と中心羽金層を造る微細な粘土を必要としますが、この地域ではこれを供給する場所がありました。

この未経験の工法を採用するにあたり、徹底的な机上の研究とアメリカ視察を行いました。そして、この工法の採用と設計が間違いでない確信を持って工事にとりかかったのです。またコンクリートコアの高さと余水吐をめぐって、セミハイドロリックフィルダムの権威者ジャスチンと大論争しますが、自説を譲らず、設計どおりに構築しました。70年経過した今日（2002年当時）でも、堰堤は1億トン以上の水を堰《せき》とめて、八田ダムの正確性を証明しています。

二つ目は大型土木機械の使用です。労働力のあまっている時代としては常識はずれでした。大型機械の使用については組合や当時の請負業者が反対していました。購入予算は400万円に達し、堰堤工事と烏山頭隧道工事費の25％にあたります。

八田氏の意見は、これだけの堰堤を人力で造っていては10年どころか20年かかってもできない。工期の遅れは15万町歩の土地が不毛の土地のまま眠ることになる。高い機械で工期が短縮できれば、それだけ早く金を生む。結果的には安い買い物になる、というものでした。この考え方は当時としては偉大な見識と英断と見なければいけないでしょう。これら大型土木機械はその後の基隆《キールン》港の建設と台湾開発に非常な威力を発揮しました。

三つ目は烏山頭職員宿舎の建設です。「よい仕事は安心して働ける環境から生まれる」という信念のもとに、職員用宿舎200戸の住宅をはじめ、病院、学校、大浴場を造るとともに、娯楽の設備、弓道場、テニスコートといった設備まで建設しました。

それ以外にまたソフトウエアにも気を配り、芝居一座を呼び寄せたり、映画の上映、お祭りなど、従業員だけでなく家族のことも頭に入れて町づくりをしています。工事は人間が行うのであり、その人間を大切にすることが工事も成功させるという思想が、八田氏の考えでした。四つ目は3年輪作給水法の導入です。15万町歩のすべての土地に、同時に給水することは、1億5千万トンの貯水量を誇るとはいえ、烏山頭ダムと濁水渓からの取水量だけでは、物理的に不可能でした。ならば当然その給水面積を縮小せざるを得ないと考えるのが普通ですが、八田氏の考えは違っていました。土木工事の技術者はダムや水路を造りさえすれば、それで終わりであると八田氏は考えなかったのです。

ダムや水路は農民のために造るのであれば、15万町歩を耕す農民にあまねく水の恩恵を与え、生産が共に増え、生活の向上ができて初めて工事の成功であると考えていました。そのためには、15万町歩の土地に住むすべての農民が、水の恩恵を受ける必要がある。

そしてそのためには、すべての土地を50町歩ずつ区画し、150町歩にまとめて一区域にして、水稲《すいとう》、甘蔗、雑穀と3年輪作栽培で、水稲は給水、甘蔗は種植期だけ給水、雑穀は給水なしという形で、1年ごとに順次栽培する方法を取りました。給水路には水門がつけられ、50町歩一単位として灌漑してきたのです。

日本精神の良さは真心で行うということ

最後に、雄大にして独創的工事を完成させた八田與一とはどんな人だったのか、そこに焦点を当てて考えてみましょう。

八田與一氏は技術者として抜群に優れていたばかりでなく、人間としても優れていました。肩書や人種、民族の違いによって差別しなかったのです。天性ともいえるかもしれませんが、これを育《はぐく》んだ金沢という土地、いや日本という国でなければかかる精神がなかったと思います。

嘉南大圳の工事では10年間に134人もの人が犠牲になりました。嘉南大圳完成後に殉工碑が建てられ、134人の名前が台湾人、日本人の区別なく刻まれていました。

関東大震災の影響で予算が大幅に削られ、従業員を退職させる必要に迫られたことがありました。その時、八田氏は幹部のいう「優秀な者を退職させると工事に支障がでるので退職させないでほしい」という言葉に対し、「大きな工事では優秀な少数の者より、平凡の多数の者が仕事をなす。優秀な者は再就職が簡単にできるが、そうでない者は失業してしまい、生活できなくなるではないか」といって優秀な者から解雇しています。

八田氏の人間性をあらわす言葉でしょう。八田氏の部下思いや、先輩や上司を大事にすることでは、数え切れないほどエピソードがあります。

八田氏は1942年3月、陸軍からの南方開発派遣要求として招聘されます。その年の5月7日、1万4千トンの大型客船「大洋丸」に乗ってフィリピンへ向かう途中、アメリカ潜水艦の魚雷攻撃に遭い、大洋丸が沈没。八田氏もこのため遭難しました。享年56歳でした。妻の八田外代樹《とよき》は3年後、戦争に敗れた日本人が一人残らず（台湾から）去らねばならなくなったときに、烏山頭ダムの放水口に身を投じて八田氏の後を追いました。御年46歳でした。

私の畏友《いゆう》、司馬遼太郎氏は『台湾紀行』で、八田氏について、そのスケールの大きさをつぶさに語りつくしています。

私は八田與一によって表現される日本精神を述べなければなりません。何が日本精神であるか。八田氏の持つ多面的な一生の事績を要約することによって明瞭《めいりょう》になります。

第一のものは、日本を数千年の長きにわたって根幹からしっかりと支えてきたのは、そのような気高い形而上《けいじじょう》的価値観や道徳観だったのではないでしょうか。国家百年の大計に基づいて清貧に甘んじながら未来を背負って立つべき世代に対して「人間いかに生きるべきか」という哲学や理念を八田氏は教えてくれたと思います。「公に奉ずる」精神こそが日本および日本人本来の精神的価値観である、といわなければなりません。

第二は伝統と進歩という一見相反するかのように見える二つの概念を如何《いか》にアウフヘーベン（止揚）すべきかを考えてみます。現在の若者はあまりにも物資的な面に傾いているため、皮相的進歩にばかり目を奪われてしまい、その大前提となる精神的な伝統や文化の重みが見えなくなってしまうのです。

前述した八田氏の嘉南大圳工事の進展過程では、絶えず伝統的なものと進歩を適当に調整しつつ工事を進めています。3年輪作灌漑を施工した例でも述べたように、新しい方法が取られても、農民を思いやる心の中には伝統的な価値観、「公議」すなわち「ソーシャル・ジャスティス」には些《いささ》かも変わるところがありません。まさに永遠の真理であり、絶対的に消え去るようなことはないものです。日本精神という本質に、この公議があればこそ国民的支柱になれるのです。

第三は、八田氏夫妻が今でも台湾の人々によって尊敬され、大事にされる理由に、義を重んじ、まことを持って率先垂範、実践躬行《じっせんきゅうこう》する日本的精神が脈々と存在しているからです。日本精神の良さは口先だけじゃなくて実際に行う、真心をもって行うというところにこそあるのだ、ということを忘れてはなりません。

いまや、人類社会は好むと好まざるとにかかわらず「グローバライゼーション」の時代に突入しており、こんな大状況のなかで、ますます「私はなにものであるか?」というアイデンティティーが重要なファクターになってきます。この意味において日本精神という道徳体系はますます絶対不可欠な土台になってくると思うのです。

そしてこのように歩いてきた皆さんの偉大な先輩、八田與一氏のような方々をもう一度思いだし、勉強し、学び、われわれの生活の中に取り入れましょう。

これをもって今日の講演を終わらせてもらいます。ありがとうございました。

◆李登輝と家族の年譜

◎は台湾や中国などの主な動き

1923年1月	台北州三芝郷で李登輝（り・とうき）が誕生（大正12年1月15日）
26年3月	同郷の曽文恵（そう・ぶんけい）誕生（大正15年3月31日）
41年4月	台北高等学校に入学
43年8月	台北高等学校を繰り上げ卒業
43年10月	京都帝国大学農学部農林経済科に入学
43年12月	旧日本陸軍に入隊、高射砲部隊に配属
45年2月	実兄の李登欽（日本名・岩里武則）がフィリピンで戦死
45年8月	日本敗戦、李登輝（日本名・岩里政男）は少尉で陸軍除隊
45年10月	◎日本が台湾の行政権を中国国民党政権に譲渡
46年4月	台湾大学農学部農業経済学科に編入
47年2月	◎台湾で「2・28事件」発生
48年5月	◎国民党政権が「動員戡乱時期臨時条款」を公布
48年8月	台湾大学を卒業、農学部助教に就任
49年2月	曽文恵と結婚（2月9日）
49年5月	◎警備総司令部が台湾全土に戒厳令を布告
49年10月	◎北京で中国共産党政権の「中華人民共和国」が成立
49年12月	◎蔣介石と国民党政権の「中華民国」政府が台湾に移る

50年9月	長男の憲文が誕生
52年1月	長女の安娜が誕生
52年3月	米アイオワ州立大学大学院修士課程に公費留学
53年4月	帰台して台湾大学講師に、台湾省農林庁の経済分析官も兼任
54年6月	次女の安妮が誕生
54年12月	◎米華相互防衛条約を締結
57年7月	中央省庁の農村復興聯合委員会（農復会）技士、台湾大学副教授
61年4月	キリスト教の洗礼を受ける
61年6月	農復会の東京出張時、亡命していた独立運動家の王育徳を極秘訪問
65年9月	米コーネル大学大学院博士課程に米国の奨学金を得て留学
68年7月	農学博士号を取得して帰台、台湾大学で教授、農復会で技正に
69年6月	警備総司令部に連行され1週間にわたって取り調べを受け、放免
70年4月	◎米ニューヨークで蔣経国の暗殺未遂事件が発生
71年10月	国民党に入党
71年10月	◎中華人民共和国が国連加盟し「中国の代表権」、台湾は国連脱退
72年6月	蔣経国が行政院長就任、李登輝を政務委員（無任所大臣）に任命
72年9月	◎日本の田中角栄政権が中国と国交を樹立、台湾とは断交
75年4月	◎総統の蔣介石が死去、副総統の厳家淦が昇格、蔣経国が国民党主席
78年5月	蔣経国が第6代総統に就任、6月に李登輝を台北市長に任命

79年1月	◎米国が中国と国交樹立、台湾とは断交、4月に「台湾関係法」制定
79年12月	◎高雄で「美麗島事件」が発生
79年12月	国民党の中央常務委員に初当選
81年12月	台湾省主席に就任
82年3月	長男の憲文が鼻腔の癌のため31歳で死去
84年5月	◎蔣経国が第7代総統に就任、李登輝は副総統に就任
84年10月	◎蔣経国を批判した書籍の著者が米国で暗殺
85年2月	南米歴訪の帰路に米サンフランシスコと東京に立ち寄り
86年9月	◎初の野党、民主進歩党（民進党）が成立
87年7月	◎総統の蔣経国が戒厳令を38年ぶりに解除
87年11月	◎親族訪問など中国大陸への訪問を解禁
88年1月	◎新聞と言論の規制を解除、報道を自由化
88年1月	蔣経国が死去、李登輝は副総統から第7代総統（代行）に昇格
88年1月	軍参謀総長に対し核兵器の極秘開発計画の中止を命令
88年7月	国民党主席に就任
89年3月	シンガポールを訪問、首相のリー・クアンユーと会談、実務外交スタート
89年6月	◎北京で学生の民主化要求デモ「天安門事件」が発生
90年1月	◎「台湾・澎湖・金門・馬祖」の名義でガット（現ＷＴＯ）加盟申請
90年3月	◎台北で学生の民主化要求デモ「野百合学生運動」が発生

90年5月	第8代総統に就任、政治犯のうち20人を特赦、14人の公民権を回復
90年6月	郝柏村を行政院長に任命
90年6月	西安事件の首謀者、張学良を53年ぶりに公の場に出し、軟禁を解く
90年6月	「国是会議」を招集、総統直接選や憲法改正で与野党が共通認識
90年10月	◎「国家統一委員会」を発足
91年4月	◎初の憲法改正で「動員戡乱時期臨時条款」を廃止、国共内戦に終止符
91年11月	◎「中華台北」の名義でＡＰＥＣに正式加盟
91年12月	非改選だった国民大会の代表と立法委員らを全員退任に追い込む
92年8月	海外逃亡犯ブラックリスト解除、警備総司令部を廃止
92年9月	◎米ブッシュ（父）政権がＦ16戦闘機１５０機の台湾への売却を決定
93年2月	◎郝柏村内閣が総辞職、連戦が行政院長に就任
93年4月	◎シンガポールで中台トップ級会談
94年2月	フィリピン、インドネシア、タイを非公式訪問「南向政策」推進を表明
94年3月	司馬遼太郎と対談、４月発売の雑誌で「台湾人に生まれた悲哀」と表明
94年5月	南アフリカのマンデラ大統領就任式に出席、帰路シンガポールに立ち寄り
94年12月	米ブッシュ（父）元大統領が訪台、ゴルフや非公式会談
94年12月	◎民進党の陳水扁が台北市長選で当選
95年2月	「2・28事件」の被害者に台湾を代表し「国家元首」として正式謝罪
95年6月	私人の立場で訪米し、コーネル大学で台湾の民主化について演説

95年7月	中国が台湾沖に向けて軍事訓練と称し弾道ミサイルを発射して武力威嚇
95年12月	◎米クリントン政権が台湾海峡に空母を派遣して中国側を牽制
96年3月	台湾初の総統直接選挙を実施、得票率54％で圧勝
96年5月	第9代総統に就任、副総統に連戦
96年8月	台湾企業に対中投資抑制を要請、9月「戒急用忍」の表現で政策化
97年3月	訪台したチベット仏教最高指導者ダライ・ラマ14世と会談
97年7月	◎英国が香港の主権を中国に返還
97年9月	台湾史に重点を置いた中学教科書『認識臺灣』を編纂させ使用開始
98年1月	◎南アフリカが中国と国交、台湾とは断交
98年12月	台湾省を凍結
99年5月	『台湾の主張』日台同時出版
99年7月	ドイツの放送局の取材で中台は「特殊な国と国の関係」と発言
99年9月	◎台湾中部でマグニチュード7・6の大地震が発生
99年12月	◎高速鉄道の車両システム導入で日本の「新幹線」が欧州勢に逆転
2000年3月	◎総統選で民進党の陳水扁が当選、国民党敗北で李登輝は主席辞任
00年5月	◎陳水扁が第10代総統に就任、台湾史上初の民主的な政権交代
01年4月	夫人とともに16年ぶりに訪日、岡山で心臓病の治療受ける
01年6月	米コーネル大学を訪問

01年8月　新たな政党「台湾団結連盟」を創設
01年12月　シンクタンク「群策会」を創設
02年1月　◎「台湾・澎湖・金門、馬祖」の名義でWTOに正式加盟
02年11月　慶應義塾大学での講演予定ながら外務省にビザ発給を拒まれて訪日を断念
04年2月　中国の弾道ミサイルに抗議し台湾で200万人「人間の鎖」の呼びかけ人に
04年3月　◎総統選で陳水扁が再選
04年12月　家族旅行で訪日、名古屋や金沢、京都など観光、61年ぶり恩師に再会
06年2月　台北郊外の烏来で「高砂義勇兵戦没者慰霊碑」移設記念式典に出席
07年6月　第1回「後藤新平賞」受賞
07年6月　訪日時に実兄が祀られている東京・九段の靖国神社を初参拝
08年3月　◎総統選で国民党の馬英九が当選、2度目の政権交代
09年9月　高知を訪問し坂本龍馬の記念館や像を見学、「船中八策」に触れる
12年8月　群策会をベースに「李登輝基金会」を発足
14年3月　◎台北で馬英九政権の対中政策に反発した学生デモ「太陽花学生運動」
14年8月　反汚職条例違反の控訴審で無罪判決、検察が上告せず無罪確定
16年3月　◎総統選で民進党の蔡英文が当選、3度目の政権交代
18年6月　台湾出身の戦没者慰霊式典参加へ沖縄訪問
20年1月　総統選で再選された蔡英文が李登輝宅を訪問し、勝利を報告
20年4月　◎トランプ米大統領が台湾の外交的孤立を防ぐ国内法「台北法案」署名

◇参考文献

『激流に立つ台湾政治外交史』井尻秀憲（ミネルヴァ書房）
『李光耀回憶録』李光耀（世界書局）
『街道をゆく　四十　台湾紀行』司馬遼太郎（朝日新聞社）
『傳略蘇志誠』鄒景雯（四方書城）
『李登輝執政告白實録』鄒景雯（印刻出版）
『台湾史小事典』呉密察監修（中国書店）
『綜合教育讀本』（復刻版、清水公學校）
『台湾を知る　台湾国民中学歴史教科書（認識臺灣　歴史篇）』（雄山閣出版）
『日本統治下　台湾の「皇民化」教育』林景明（高文研）
『台湾総督府』黄昭堂（鴻儒堂出版社）
『「武士道」解題』李登輝（小学館）
『哲人政治家　李登輝の原点』黄文雄（ワック）
『後藤新平　日本の羅針盤となった男』山岡淳一郎（草思社）
『台湾の父李登輝総統を思う』柏久（北斗書房）
『李登輝の偉業と西田哲学』柏久（産経新聞出版）
『台湾の主張』李登輝（ＰＨＰ研究所）
『新・台湾の主張』李登輝（ＰＨＰ新書）
『李登輝訪日　日本国へのメッセージ』日本李登輝友の会編（まどか出版）
『台湾人と日本精神』蔡焜燦（小学館）

『蔣経国と李登輝』若林正丈（岩波書店）
『裏切られた台湾』ジョージ・H・カー（同時代社）
『沖縄と台湾を愛したジョージ・H・カー先生の思い出』比嘉辰雄・杜祖健（新星出版）
『TAIWAN'S STATESMAN』Richard C. Kagan（Naval Institute Press）
『還ってきた台湾人日本兵』河崎眞澄（文藝春秋）
『台湾植民地統治史』林えいだい編（梓書院）
『二つの祖国を生きた台湾少年工』石川公弘（並木書房）
『王育徳自傳暨補記』王育徳、王明理（前衛出版社）
『李登輝・その虚像と実像』戴国煇、王作栄（草風館）
『台湾二二八の真実』阮美姝（まどか出版）
『逃亡』彭明敏（玉山社）
『台湾建国』宗像隆幸（まどか出版）
『台湾政治における蔣経国の「本土化政策」試論』林泉忠〔論文〕
『台湾　分裂国家と民主化』若林正丈（東京大学出版会）
『愛と信仰』李登輝（早稲田出版）
『高俊明回憶録』高俊明（前衛出版社）
『見證台灣―蔣經國總統與我』李登輝・張炎憲（允晨文化實業）
『虎口の総統　李登輝とその妻』上坂冬子（講談社）
『少數統治的原理―政治權力的結構』原田鋼著・李憲文譯（黎明文化事業）
『臺灣農地改革對鄕村社會之貢獻』李登輝編〔私家版〕
『台湾』伊藤潔（中央公論新社）
『我所知的四二四事件内情』陳榮成（前衛出版社）

『蔣經國傳』江南（劉宜良）（前衛出版社）
『姚嘉文追夢記』姚嘉文（關懷文教基金會）
『李登輝伝』伊藤潔（文藝春秋）
『台湾経験と冷戦後のアジア』井尻秀憲（勁草書房）
『郝柏村回憶錄』郝柏村（遠見天下文化出版）
『台湾の政治』若林正丈（東京大学出版会）
『張学良の昭和史最後の証言』ＮＨＫ取材班（角川書店）
『リー・クアンユー回顧録』リー・クアンユー（日本経済新聞社）
『李登輝總統訪談錄（四）』張炎憲編（國史館）
『李登輝政権の大陸政策決定過程』黃偉修（大学教育出版）
『日台の架け橋として』江丙坤（日本工業新聞社）
『台湾総統選挙』小笠原欣幸（晃洋書房）
『検証　李登輝訪日　日本外交の転換点』衛藤征士郎、小枝義人（ビイング・ネット・プレス）
『國民中學「認識臺灣」（歴史篇）』國立編譯館
『誰是中国人』林泉忠（時報文化出版企業）
『台湾大地震救済日記』李登輝（ＰＨＰ研究所）
『揺れた　崩れた　でも頑張った』台中日本人会編（台中日本人会）
『南の島の新幹線』田中宏昌（ウェッジ）
『為主作見証』李登輝（遠流出版事業）

装　丁　神長文夫＋柏田幸子
ＤＴＰ　佐藤敦子
写　真　断りのないものは産経新聞社

河崎眞澄（かわさき・ますみ）

産経新聞論説委員兼特別記者。1959年、東京都練馬区生まれ。日本大学藝術学部放送学科を卒業し1987年に入社。1995～96年にシンガポール国立大学華語研究センターに産経新聞社から派遣留学。経済部記者、外信部記者などを経て2002～06年に台北支局長、2008～18年に上海支局長。2015年から論説委員。2020年8月から特別記者を兼務。著書に『還ってきた台湾人日本兵』（文藝春秋）。共著に『日本人の足跡』『闇の中の日中関係』（いずれも産経新聞ニュースサービス）、『食の政治学』『歴史戦』（いずれも産経新聞出版）など。

李登輝秘録

令和2年 7月31日　第1刷発行
令和2年 10月14日　第4刷発行

著　　者　河崎眞澄
発 行 者　皆川豪志
発 行 所　株式会社産経新聞出版
〒100-8077 東京都千代田区大手町1-7-2 産経新聞社8階
電話　03-3242-9930　FAX　03-3243-0573
発　　売　日本工業新聞社
電話　03-3243-0571（書籍営業）
印刷・製本　株式会社シナノ
電話　03-5911-3355

ISBN978-4-8191-1388-5　C0095

定価はカバーに表示してあります。
乱丁・落丁本はお取替えいたします。